犀の角のようにただ独り歩め

――「スッタニパータ」

国民所得を80万円増やす経済政策

晶文社

装丁　アジール
帯写真　The Asahi Shimbun/Gettyimages

はじめに

安倍晋三総理は、自身が議長を務めた伊勢志摩サミットの直後、消費税の10％増税を延期する意向を固めた。

この一報を耳にした時、かねてより内閣官房参与（Special Advisor to the Cabinet）として「増税延期」を助言・提言し続けた当方としては、ほっと胸をなで下ろすと同時に総理の決断に深謝した（そして誠に僭越ながら、出張先からその深謝の意のメッセージを総理に送付申し上げた）。

今のままの状況で予定通り増税されれば、日本経済は完全に失速し、世界経済に大きな悪影響をもたらすことは火を見るよりも明らかだったからだ。

そもそも伊勢志摩サミットでも各国首脳達が議論したように、２００８年のリーマンショック以後、世界経済はまるで日本のバブル崩壊後の「失われた20年」のような状態に突入している。

世界経済の成長エンジンだった中国が２０１５年の上海ショックを機に失速する一方、リーマンショック以後低迷を続けているＥＵは未だ回復の兆しを見せていない。辛うじてアメリカ経済は成長基調にあるが、かつてに比べれば著しく失速しており、中国をはじめとした新興国の停滞を補うにはほど遠い微弱な成長力しかない。こうした状況を踏まえ、ノーベル経済学賞受賞者のクルーグマン教授は、世界経済が「日本化」し「長期停滞」の状況にあると指摘し、同賞受賞者のスティグリッツ教授もまた、世界経済は「大低迷」期に突入したと警告した。★

そしてわが国日本は、こうした世界経済の大低迷のあおりを受け、8％への消費税増税の悪影響を未だ完全に脱し切れていない状況に置かれている。

このような状況で日本が再び10％への消費税増税を断行すれば、日本経済は冷え込み、国民所得がさらに低迷していくことは、理性的な判断が可能な者なら誰の目にも明らかなのだ。その意味で、わが国の経済はようやく首の皮一枚で助かったのである。

しかし――増税を延期しただけで、この低迷する日本経済が再生される事はあり得ない。今、わが国がなすべきは、増税延期を皮切りとして、日本経済を再生するための様々な対策を打ち出していくことの他にない。

折しも安倍総理は、昨年（2015年）から、2020年頃に戦後最大の経済である「600兆円経済」を実現するというビジョンを掲げている。これは理論的には**「所得ターゲット政策」**と呼ばれるものである。これは、国民一人当たり年平均で約80万円の所得を増やすという目標を「政府」が掲げるという、日銀の金融政策による物価ターゲット政策をさらに進化させたものだ。この600兆円経済を実現し、国民所得を80万円増やすためにはどうすべきなのか——筆者はアベノミクスを含めた公共政策を担当する内閣官房参与として、ジョセフ・スティグリッツ教授やエマニュエル・トッド教授らと対話しつつ、京都大学やそのレジリエンス実践ユニット、経済産業研究所等での研究を踏まえ、様々な視点から分析・検討を重ねてきた。

そしてそうした分析、研究を踏まえ、国民所得を80万円増やし、600兆円経済を実現するという、安倍総理の「所得ターゲット政策」を成功させるために、（この度決定された「増税延期」も含めた）以下の「5つの提案」を取りまとめた。そしてこれを、これまで安倍総理、菅官房長官はじめ、政府・与党の様々な方々に提案申し上げてきた。

「600兆円経済実現のための5つの提案」
【提案1】2017年の消費税増税は延期
【提案2】財政政策を基本とした「所得ターゲット政策」を改めて宣言
【提案3】デフレ完全脱却こそ、最大の「財政健全化策」と宣言
【提案4】3年以内の「デフレ完全脱却」を目指し、「規律ある財政拡大」を図る
【提案5】デフレ脱却後は、「中立的な財政運営」を図る

すなわち、増税延期と同時に、**年間10～20兆円規模の徹底的な財政政策**を展開して**「デフレ完全脱却」**を果たし、それを通して「600兆円経済＝国民所得80万円増」を実現すると共に**「財政健全化」**を果たし、それ以降は持続的な財政と成長を目指していく——というビジョンを、政府与党幹部をはじめとした様々な方々に提案申し上げてきた。

本書は、この「5つの提案」の内容とその根拠を、経済学がご専門ではない「一般の読者」を想定して、可能な限り平易な表現で解説申し上げたものである。

筆者は、この提案から大きく乖離した政策が今後数ヵ年展開されてしまえば、デフレ脱却も財政健全化も80万円の所得増も皆失敗してしまうであろう事を——誠に遺憾ながら確信している。ついては本書が一人でも多くの国民に読まれ、「経済政策」や「財政再建」についての「正しい認識」が国民に共有され、デフレ完全脱却が果たされ、それらを通して「財政健全化」と「国民所得の80万円増」が同時達成される近未来を、心から祈念したいと思う。

2016年5月30日　内閣官房参与室にて　藤井聡

★日本化＝Japanification、長期停滞＝the Secular Stagnation、大低迷＝Great Malaise。なお、長期低迷という用語は元米財務長官のローレンス・サマーズ教授がしばしば用いている。

国民所得を80万円増やす経済政策　目次

序章　「600兆円経済」は難しくない

2015年9月、安倍晋三総理は、アベノミクスの果実を活かし、「新三本の矢」を放つ、と宣言した。その中でもとりわけ強調されたのが第一の矢である「希望を生み出す強い経済」の実現であった。なぜなら、この強い経済が実現すれば、民間も活性化し、税収も飛躍的に増進するのだから、第二、第三の矢として位置づけられた子育て支援や社会保障もまた、大きく改善していくからだ。

そしてこの時、最大の目玉とも言うべき数値目標として、今から4年後の2020年頃の**GDP600兆円の実現、すなわち、600兆円経済の実現**が宣言された。

ただし「GDP」と言ってもピンと来ない国民も多かろうと思う。

ましてや「600兆円」というものが何を意味しているのかを理解できる国民は、さらに限られている。実際、身の回りのごく普通の方々に「今の日本のGDPがいくらか知っているか?」と尋ねても、正確に答えられる方はほとんど皆無、だった。

そもそもGDPというのは、「国内総生産」であり、ごく簡単に説明するなら、国民全体の所得の合計値、である。[*1] だから、GDPが増える、ということは、私たちの所得が増える、ということを意味している。

現在のGDPはおおよそ500兆円。これを600兆円にするということはつまり、1・2倍にする、ということである。だから結局、安倍総理が主張しているGDP600兆円の実現とは、私たちの所得を1・2倍にする、ということを意味しているわけである。

そして私たちの給料の平均は今、おおよそ400万円強だから、これを1・2倍にするということはつまり、**年80万円の所得の増加を意味しているのである。**

こう考えれば、安倍総理のアベノミクスが目指しているのが一体何かが、グンとわかりやすくなろう。景気が良くなる、ということはつまり、私たちの「給料が上がる」という事を意味しているのであり、それが新アベノミクスの「第一の矢」の意味なのである。

だから、こうしたGDPを目標に掲げた政策は、**「所得ターゲット政策」**（正確には名目所得ターゲット、あるいは、NGDPターゲット）と呼ばれる。これは、初期アベノミクスにおいて黒田東彦日銀総裁が進めている**「物価ターゲット政策」**をさらに拡張したものだ。物価ターゲット政策は、「日銀」が宣言するものだが、所得ターゲットの主人公は「政府」ということになる。だからこそ、黒田日銀総裁ならぬ安倍首相が、その目標を「宣言」したのである。

では、この600兆円のGDP、つまり、80万円の所得が増えるのは「いつまで」なのかと言えば、東京オリンピックが予定されている2020年まで、なのである。

＊1 別の言い方をすれば、それは「国民が使ったお金の合計」とも言えるし「国民が産み出したものの価値の合計」とも言える。そもそも、私たちの「所得」は、「他の誰かが使ったお金」だ。そして、「所得」は、「その分の財やサービスを産み出す」事によって得られるものでもある。だから、使ったお金の合計値、所得の合計値、生産の合計値の三者は、国民全体で合計すれば一致する。一般にこうした性質は「三面等価の原則」と言われている。

つまり政府は、2016年現在の今から数えて、「4年後」に、平均で一人当たり80万円もの所得を増加させる、と宣言しているわけである。

おそらくこう聞けば、「そんなの、あり得ないだろう――」「無理に決まってるじゃないか――」と感じてしまう国民も多いのではないかと思う。事実、政治家や有識者の中でも、実現不可能だという意見は少なからずある。

しかしこの600兆円という数字は何も、安倍総理が単なる思いつきか何かで口走ったものではない。

総理のその宣言のさらに前年の2015年の1月には既に、政府は「2020年におおよそ600兆円になる」という試算を「正式」に公表しているのである。[*2] そしてそこでは、一人あたりの国民総所得も、2020年には今から約80万円増加する、という試算もあわせて正式に公表されている。

この試算は定期的に行われる「中長期の経済財政に関する試算」と呼ばれるもので、税収の見込額や、それに基づく各行政の内容を検討する際の「ベース」として活用されているものである。つまり、今の日本の政府が準拠している「試算」において既に、「2020年に600兆円を目指す」ということが織り込まれているのである。

したがって、総理のこの宣言は、かねてより行われていたこの試算を改めて、わかりやすく表現したに過ぎないのである。

ただしここで重要なのは、この試算では「二つのシナリオ」が想定されているという点にある。

「ベースライン・ケース」と「経済再生ケース」である。

「ベースライン・ケース」とは、アベノミクスが「大成功」せず、経済が再生されない、というケースである。GDPが毎年「1－2％」程度ずつしか成長していかない、というケースである。一方で、「経済再生ケース」とは、アベノミクスが「大成功」し、デフレが終わり、経済が再生され、GDPが「3－4％」程度ずつ成長していく、というケースである。

そして、GDPが2020年におおよそ600兆円になる、つまり、国民の収入がおおよそ今から80万円も増えるというシナリオはもちろん、後者の「経済再生ケース」に対応している。

したがって、この新アベノミクスのGDP600兆円を目指すという宣言は、「**アベノミクスを大成功させ、毎年3－4％ずつ成長していくという『経済再生ケース』を実現する**」という宣言を意味しているのである。

＊2　内閣府：中長期の経済財政に関する試算（平成26年1月20日経済財政諮問会議提出）。なおこの資料には、「経済・財政・社会保障を一体的にモデル化した内閣府の計量モデル（経済財政モデル）を基礎としている。したがって、成長率、物価及び金利などはモデルから試算されるものであり、あらかじめ設定したものではない」との注意書きが付記されている。

では、「毎年、３－４％成長していく」という状況を本当に日本は作り出す事ができるのか――やはり問題は、この一点に収斂することになる。

この点について、筆者は次のように考えている。つまり、

「政府が適切な経済政策さえ行えば、ＧＤＰ６００兆円は実現できる。だから、それは決して難しいものではない」

ただし、これと同時に次のようにも認識している。

「政府が適切な経済政策を行わず、成長を邪魔するような『消費増税』や『緊縮財政』を行えば、その実現は不可能となる」

つまり、安倍総理が宣言したＧＤＰ６００兆円が実現するかどうかは、安倍総理を中心とした政府が、「緊縮財政と決別し、積極財政を行う」という「政治決断」を行うか否かにかかっているのである。

ここで重要なのは、ＧＤＰ６００兆円を実現すると宣言したのは誰あろう、安倍総理であり、かつ、それを実現させる政策を行うか否かの政治決断の最高責任者もまた、安倍総理な

のだ、という点にある。したがって、安倍総理は今、この国民との約束を守ることができるか否かが問われている、といって過言ではない状況に置かれているのである。

そんな中、重要な会議が官邸で行われた。ノーベル経済学賞受賞者である**ジョセフ・スティグリッツ教授とポール・クルーグマン教授**の二人が招聘《しょうへい》され、総理はじめ内閣の諸要人の前で意見を陳述した国際金融経済分析会合である（2016年3月）。彼ら二人は、驚く程に共通の内容を提言した。すなわち、デフレを終わらせるためには緊縮財政と決別し、積極財政を行うべし、と力強く主張したのである。

言うまでもなく、この両教授を招聘したのは、誰あろう安倍総理である。だからこうした国際会合を開催したということそれ自身が、安倍総理の強い決意の表れではないか――報道等ではそのようにささやかれているのは、既にご存じの読者も多いのではないかと思う。

そもそも、初期アベノミクス、いわば**「アベノミクス1・0」**の目標だった物価目標を達成するための主な政策ツールは、日銀が行う「金融政策」だった。だから、物価ターゲットは黒田総裁が宣言した。しかし、今、政府が行おうとしている新しいアベノミクス、すなわち**「アベノミクス2・0」**において、**「所得ターゲット」**を宣言したのは誰あろう政府である。つまり、「所得ターゲット」は、政府が中心となり日銀のサポートを得ながら達成しようとするものなのである。だから必然的に、その政策ツールは金融政策に加えて「財政政策」をはじめとした政府の積極的な取り組みが求められるのである。

――本書ではこうした想定の下、ＧＤＰ６００兆円を実現し、80万円の所得を増やす「適切な経済政策」とは一体何かを説明する。そして、それにあたりまず始めに、政府が招聘したスティグリッツ教授とクルーグマン教授の提案を解説することとしたい。

筆者は、彼らが招聘された国際分析会合に内閣官房参与として同席し、彼らの提言を総理と共に直接耳にした。筆者は大学での研究活動――筆者がユニット長を務める京都大学レジリエンス研究ユニット（現、レジリエンス実践ユニット）という研究所での研究活動*3――の中で、両教授とは個人的な連絡を取り合って来たのだが、そうした交流を通して得られる彼らの経済政策論には常に深く、強い賛同の意を感じ続けてきた。だから彼らが直接、総理等に政策助言したことについて、筆者は深く感謝している。

先にも触れたように彼らの具体的な提言内容は、驚く程に共通するものだった。一言で言うならそれはすなわち、次のようなものだった。

「増税や支出カットを基調とする『緊縮財政』をやめ、効果的に政府支出を増やしていく『積極財政』を進めるべきだ」

日本では、「国の借金が増え続ける今、政府支出の拡大なんて出来ない！」という意見、すなわち、**「緊縮財政」**（英語では、austerity オーステリティと言われる）の思想が徹底的にはびこっている。そんな中、二人のノーベル経済学賞教授が、その緊縮財政に対して果敢に「NO！」を突きつけ、「積極財政」こそが、経済を再生し、あげくに財政を健全化させるのだという逆説的提言──筆者にしてみれば、筆者個人が長年主張し続けてきた意見と全く同じ内容なのだが[*4]──を行ったことのインパクトは、計り知れないものがあった。

本書の皮切りとなる第1章ではまず、なぜ彼らがこぞって「緊縮」を否定し「積極財政」を主張したのかを、解説するところから始めたい。

＊3　例えば、Fujii, S (2015) Beyond Global Capitalism, Springer. 等

＊4　例えば、『Maeoka, K., Kume, K., Nakano, T. and Fujii, S. (2012), Statistical Evidences of National Economic Resilience using Macroeconomic Data before and after the Global Financial Crisis, The Empirical Economics Letters, 11(10)』、藤井聡『強靭化の思想』（育鵬社、2013）、藤井聡『超インフラ論』（PHP新書、2015）等を参照されたい。

第1章

スティグリッツとクルーグマンが主張した「積極財政」

——脱出速度を確保せよ

世界同時不況：両教授の世界経済の診断結果

ジョセフ・スティグリッツ教授とポール・クルーグマン教授（以下、スティグリッツ、ならびにクルーグマンと略称させていただく）は共に、世界を代表する経済学者だ。コロンビア大学教授のスティグリッツは2001年に、そして、ニューヨーク市立大学教授のクルーグマンは2008年に、それぞれノーベル経済学賞を受賞している。

彼らは首相官邸の四階の大会議室で、本年（2016年）3月、それぞれ1時間弱の時間を使って、総理をはじめとした内閣、政府要人に対して、現在の経済状況についての彼らの所見と、政策提言を行った。*5

彼らはまず最初に、日本、ならびに世界経済は現在、大変厳しい状況にある事を指摘。何らかの対策を図らない限り、経済はますます厳しい状況に至るであろうと示唆した。

例えばスティグリッツは、現在の世界経済の状況を「大停滞」（great malaise）「大不況」（great recession）と呼称し、世界中で失業は増え、所得が低迷している状況を指摘した。結果、貧困が広がっている一方で、一部のトップ層に富が集中し、世界的に格差が拡大し続けるという悲惨な状況に、世界の人々は直面しつつある様子を描写した。比較的調子が良いと言われていた米国でも、その成長は大幅に「鈍化」しており、「中間層」の所得は過去約30年の間ほとんど増えておらず、そして、「最下層」の実質賃金は60年前よりも「悪化」している。ヨーロッパはさらに危機的な状況で、経済成長はアメリカよりもさらに低い。とりわけ、若者の間に失業が広がっており、深刻な社会問題となっている。唯一の「世界経済の成長エンジン」であった中国ですら、ついに近年、急激に経済状況が悪化し、今度は、世界経済の「足を引っ張る」存在になってしまった。今や、欧州と米国では、中国経済の減速を埋め合わせることはできそうもない状況に至っている。

クルーグマンも、ほとんど同じ見解を表明している。EUの低迷は酷い状態で、アメリカですら、国民の所得が思うように上がっていかない状況にある。とりわけ昨今では、世界経済の牽引役だった中国やブラジルなどの新興国の低迷が酷い水準となっている。特に中国の低迷は凄まじく、アメリカやヨーロッパの低迷を助長させている。

――つまり、アメリカ、中国、ヨーロッパ、そして世界の経済に対する両教授の見解は、驚く程に一致しているのであり、世界中、どこにも世界経済を活性化していく力を持った国

＊5 ここでのクルーグマン教授の発言引用は、彼が自身のホームページに公開している発言録資料（Paul Krugman: Meeting with Japanese officials, 22/3/16：https://www.gc.cuny.edu/CUNY_GC/media/LISCenter/pkrugman/Meeting-minutes-Krugman.pdf）から、筆者が翻訳して引用したものである。スティグリッツ教授については、政府がホームページに公開している彼のプレゼンテーション資料（Beyond the Great Malaise and Financial Stability towards Robust and Sustainable Growth：https://www.kantei.go.jp/jp/singi/kokusaikinyu/dail/siryou1.pdf）から、筆者が翻訳して引用した。

などなく、ただただ低迷していくだけの状態になっている、と共に認識しているのである。

これはつまり両教授は、何の手立ても講じなければ、今の世界経済は、どこにも期待を抱けないような「世界同時不況」と言ってよい絶望的な状況にある、という状況診断を下しているのである。スティグリッツはそれを「大停滞」「大不況」と呼称したのである。

クルーグマンは「経済が悲惨な停滞に陥る」ことを「日本化」Japanificationと呼んだ

この分析会合は、あくまでも世界経済の分析会合であり、スティグリッツやクルーグマンは、日本経済もまた、世界中のその他の国々と同様、あるいはさらにより悪い状況にあるという見解を示している。

例えば、クルーグマン教授は、世界情勢について解説する冒頭で、次のように断じている。

「第一に、私たちの世界経済は今、あらゆる側面において衰弱し続けている。いろんな意味において、私たちは皆、『日本』なのだ」[*6]

つまり彼は、『日本』という言葉を、「停滞経済」「経済の衰弱」の代名詞として用いているわけだ。さらに彼は、次のように続けている。

「世界経済の衰弱……。もし君がそれを『日本化』(Japanification) と呼ぶとするなら……っていうかこんな言葉を使うのは不幸なことなんだが、便利な言葉なんで使わせてもらうが……その『日本化』は、極めて重要な意味を持っている。例えば、欧州は今、1998年や1999年(筆者注:日本がデフレに突入した年)にそっくりだ」

つまり、彼は、今の欧州は、まさに「日本化」(Japanification) していると言っているわけだ。

では、欧州の日本化とは一体何かといえば、それについてはちょうど、スティグリッツが使った図1のグラフが分かりやすい。

このグラフは、欧州エリア全体のGDPの推移を示しているものだ。ご覧のように、2008年まで、欧州のGDPは着実に成長してきた。これはつまり、国民の所得が上がり、人々の仕事が増え、貧困や失業が減ってきた、という事を意味している。つまり、欧州の人々は着実に(少なくともトータルとして)豊かになってきていたのである。ところが、2

*6 "The first is that we are now in the world of pervasive economic weakness. In many ways, we are all Japan now."

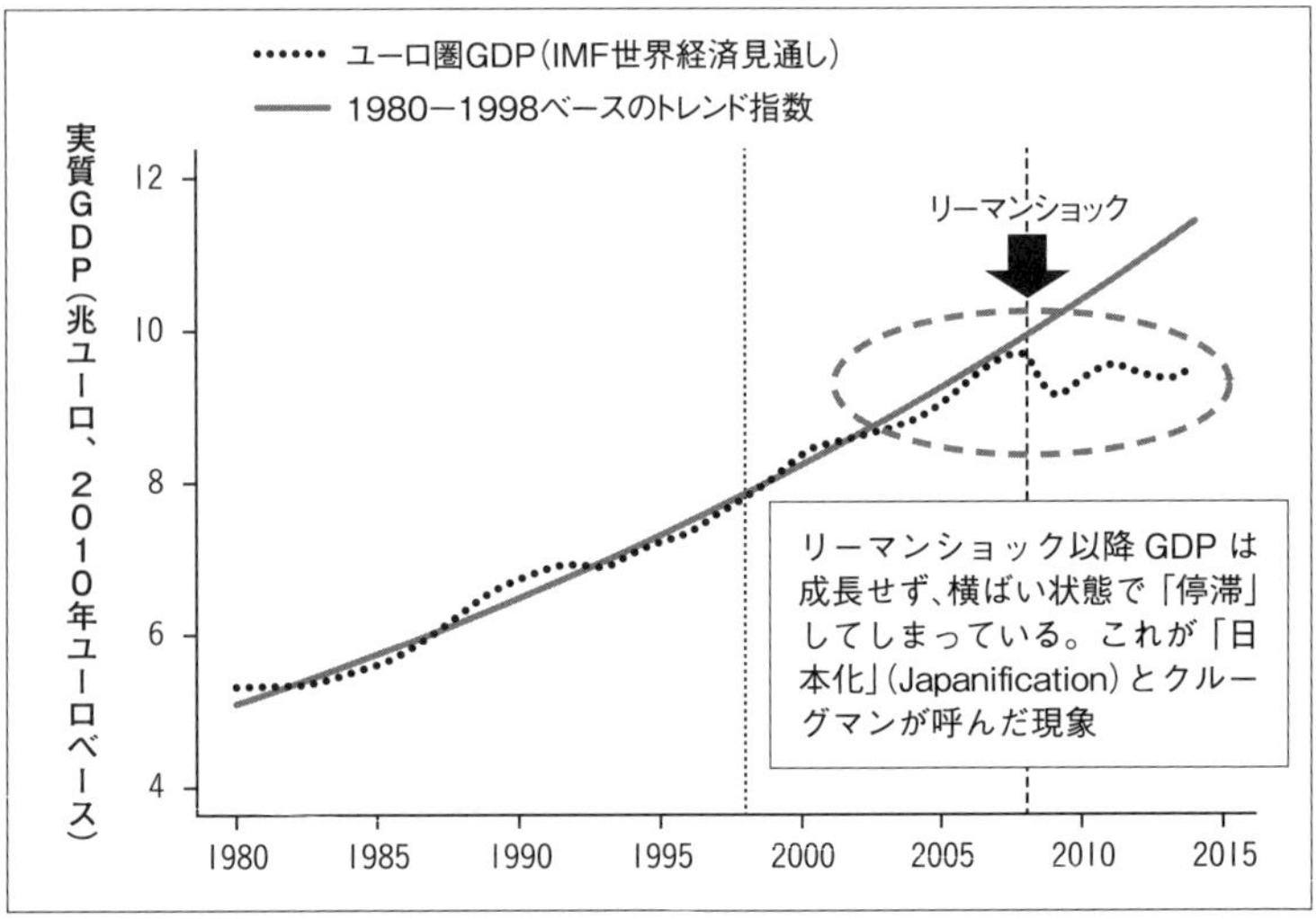

図１　スティグリッツ教授が用いた、欧州のGDPの推移と、トレンド
「危機以来、欧州のパフォーマンスは悲惨なもの」
＊　首相官邸のホームページに掲載されている、スティグリッツ教授の発表資料の和訳。図中のコメントは、筆者加筆

００８年に起こった「リーマンショック」によって、状況は一変する。

読者各位はご記憶だろうか。「リーマンショック」とは、アメリカのリーマンブラザースという大きな投資銀行が倒産し、それに端を発するかたちで、世界中で大小様々な企業が「連鎖倒産」したり、連鎖的な「業績悪化」が広がっていったショックだ。その結果、世界中の人々の資産がなくなり、所得が下がり、仕事がなくなっていった。それはちょうど、日本で、90年代に起こった「バブル崩壊」のようなものだった。

その結果、図１に示すように、

欧州全体のGDPが増えなくなってしまった。

これはつまり、これまで順調に成長してきた欧州経済が、リーマンショックのせいで停滞し、それ以後成長できなくなってしまったことを意味している。スティグリッツ教授は、この状況について「危機以来、欧州のパフォーマンスは悲惨なもの」と表現しているが、クルーグマンはこのような悲劇を「日本化」（Japanification）と呼称したのである。

「日本化」によって、日本は坂道を転げ落ちていった

それではここで、クルーグマンが言う「日本化」が一体どのようなものかを解説するために、ある「一枚のグラフ」（図2）を紹介したい。

このグラフは、**日本のあらゆる政治、行政を考える上で最も大切なグラフ**だと筆者が考えているものだ。筆者は5、6年前から、ことあるごとに（その時点での最新データを使って）このグラフを紹介してきたのだが、残念ながらほとんど世間には知られていない。

この図は、主要各国の名目GDPの推移を（ドルベースで）示したもの。GDPというのは、その国の国民の所得の合計だから、結局はこれは、それぞれの国の国民が、どれだけの所得を得ているのか、の推移を示している（ちなみにGDPには、実質と名目があるが、実質というのは、所得の合計値を〝物価〟を加味して調整したものだ。だから、所得そのものの合計値は名目GDP

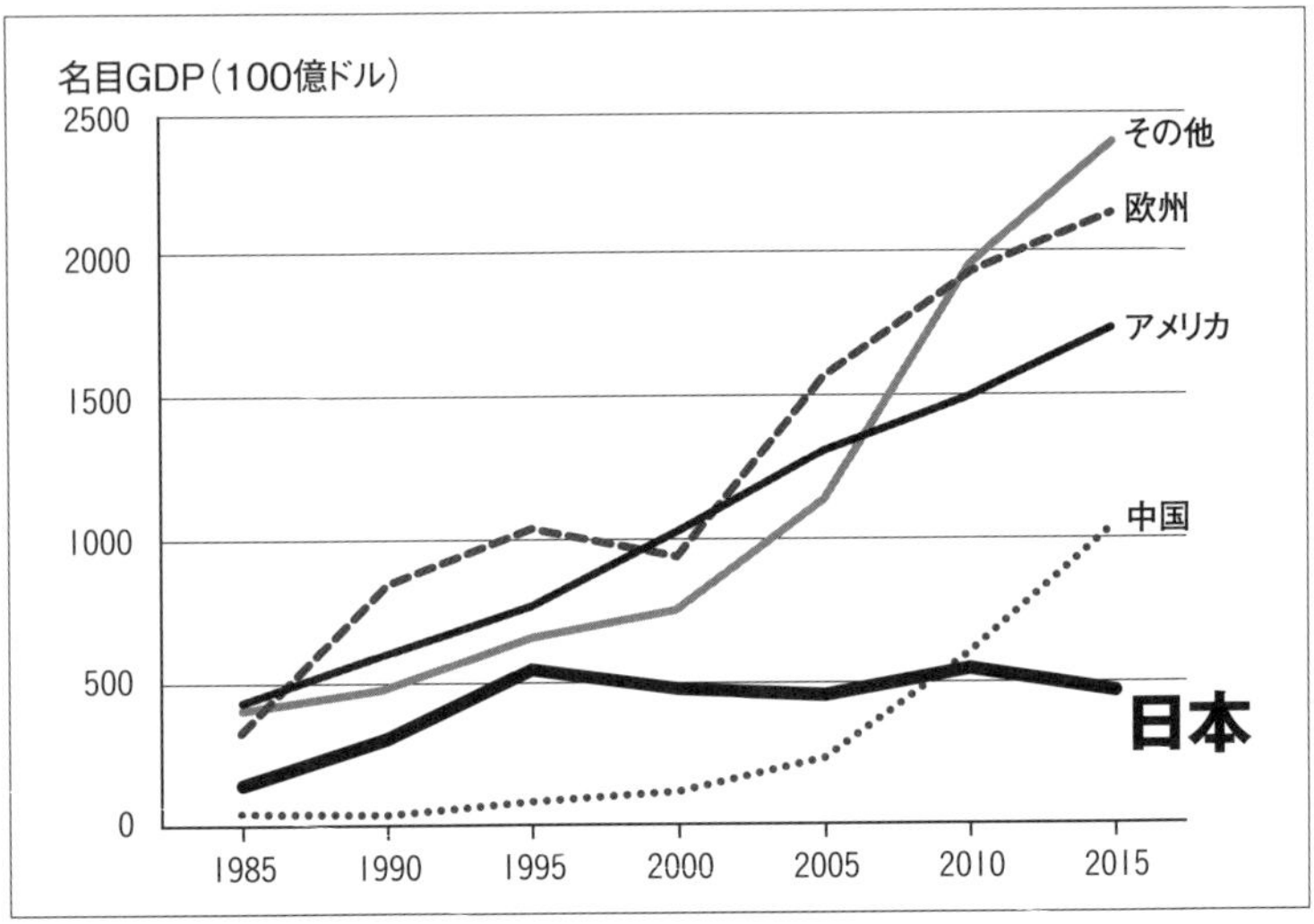

図２　世界の主要国等の名目 GDP の推移（単位：米ドル）

である）。

まずこのグラフの、1985年から1995年の段階にご着目いただきたい。この時点で、日本は順調に成長していた。その間世界中の国々も成長しているが、中でもやはり日本、アメリカ、欧州のいわゆる「日米欧」は、その他の地域よりもより高い率で成長していることが分かる。そして、例えば**1995年時点で日本は、アメリカの約7割、ヨーロッパの約半分の水準にあることが分かる**。

この時、世界の先進国はまさに「日米欧」であり、その中で日本は文字通り、アメリカと並べてもそれほど遜色がないほどの「経済大国」だったのである。

実際、1995年時点で、世界中のGDPに占める日本のGDPの割合は実に

17・3%。つまり、日本人はわずか1億人ちょっとで、当時の世界中の約57億人の人々の所得の実に**2割弱の所得を得ていた**のである。

まさに、日本人は、「世界のお金持ち国家」だったわけである。

しかし1990年後半から、日本のGDPの成長はパタリと止まってしまう。というよりグラフからも明らかな通り、「衰退」していっている様子がお分かりいただけよう。

つまり、**日本は急に「成長」できなくなり、「貧乏」になっていった。これこそ、クルーグマンが言った「日本化」**(Japanification)である。

そしてそれから20年の間、世界中の国々が成長する中で日本一国が衰退し続けることとなった(先に紹介したリーマンショック後のヨーロッパですら、東西全て含めた全域で見れば「衰退」してはいない)。

その結果どうなったか。

今(2016年現在)から6年前の2010年には中国に追い抜かれてしまう。

多くの日本人は、それでもなお、未だに中国は日本よりも少し上回る程度の国だと思っているのではないかと思うが、2014年時点で中国のGDPは既に、**わが国の軽く2倍を超えている**。

そして、かつては「ほぼ互角」の水準にあったアメリカ、ヨーロッパにも大きく水をあけられてしまう。今やアメリカは日本の3・7倍、ヨーロッパは4・7倍の水準にまで至っている。

逆に言うなら、日本のＧＤＰは今や、中国の半分、アメリカの四分の一、ヨーロッパの五分の一程度しかない、小さな経済力の国に成り下がってしまったのである。

そして、かつての2割程度（17・3％）もあった世界のＧＤＰに占める日本のシェアは、おおよそ20年で、たった三分の一の5・9％にまで凋落してしまったのである。

要するに、1995年までは日本は文字通りの経済大国であり、世界中の国々が「日本侮り難し」と認識せざるを得ない状況だったのだが、今やもう日本なんて取るに足らない、中小国に成り下がりつつある――と言って過言ではないのである。

これこそ、「失われた20年」の内実であり、それを導いたのが経済の「日本化」Japanification なのである。

「日本化」の正体は、「デフレ」＝「国民が貧しくなっていく現象」である

なぜ「日本化」と言われた経済の停滞・衰退が起こったのかといえば、それは、日本経済が、デフレになったからだ。

「デフレ」と言っても多くの方はその意味を正確には理解できていないかもしれないが、そ

れについては追って詳述するとして、ここではまず「GDPが衰退していく現象」だと理解していただいて構わない。

例えば、図2に基づくなら、日本のGDPは1995年から2014年にかけて、実に14％も衰退し、0・86倍にまで凋落しているが、これこそ、デフレと呼ばれる現象だ。

ただし、GDPの増減だけでは、直感的にその意味が分かりづらい方も多かろうと思う。しかし、GDPが所得の合計だという点を思い起こしていただければ、その意味はグンと分かりやすくなるはずだ。つまりそれは「所得が減っていく現象」を意味しているのであり、結局は「国民が貧しくなっていく現象」を意味しているのである。

デフレでは、物価も下がっていくが、所得の方がより激しく低くなる

ただし、ここで一つ簡単な補足をしておきたい。

「デフレ」においては上記のように所得も下がっていくが、同時に「物価」も下がっていく。かつては500円や600円が当たり前だった弁当が、今では、300円弁当、250円弁当が普通に販売されたり、ジーンズも5000円が当たり前だったのに今では1000円を切るようなものも普通に売られている。

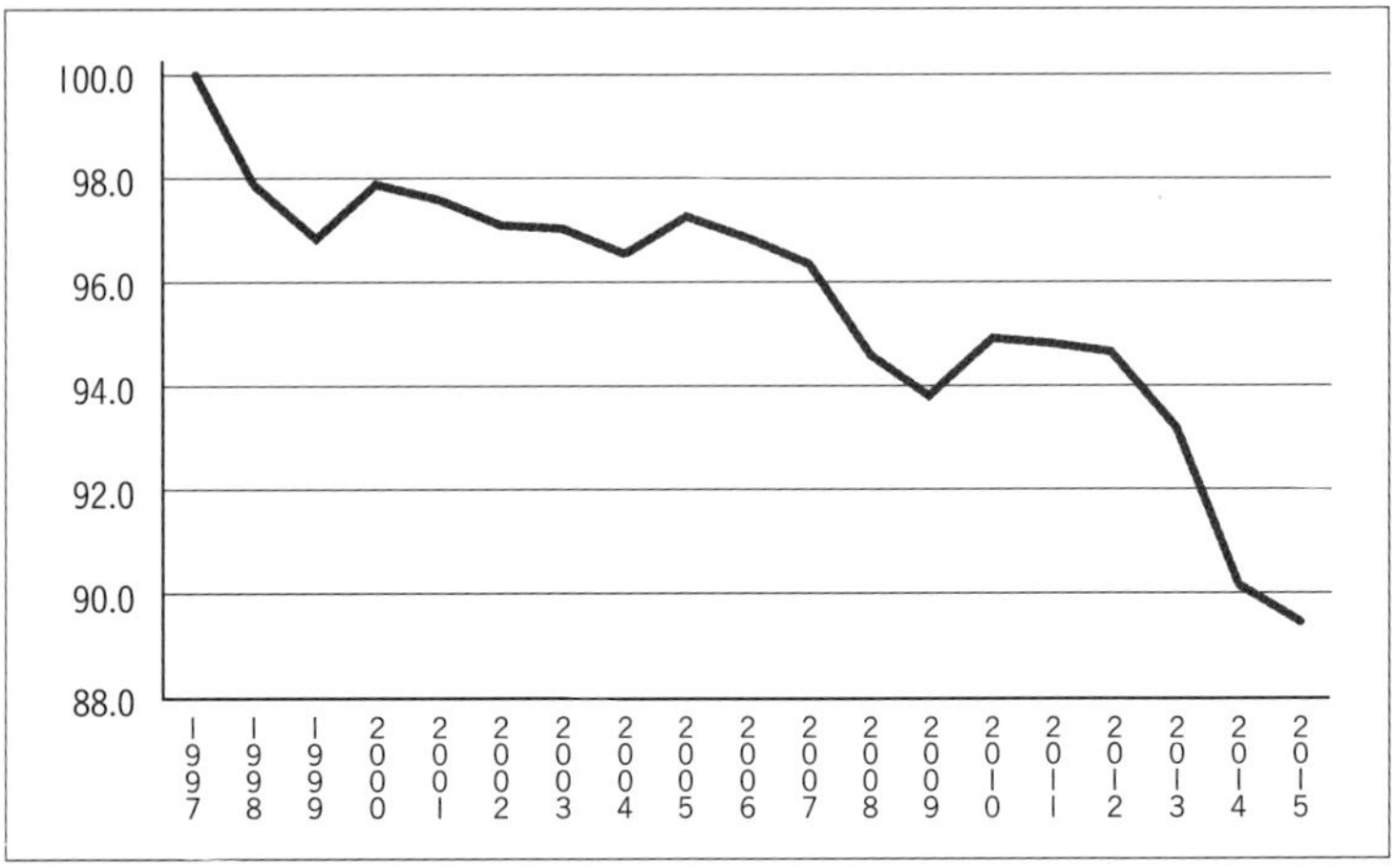

図３　実質賃金の推移。つまり、「日本国民の給料の平均値を、物価の変動で調整したもの」の推移

＊　厚生労働省・厚生労働統計一覧「時系列第６表　実質賃金指数」における「現金給与総額」の数値に基づき、実質賃金がピークの1997を100として作成

だとすると、仮に所得が下がっても、モノが安いのだから、国民の豊かさはあまり変わらないのではないかと言われることがある（最近はかなり少なくなったが、だから「デフレは良いことなのだ！」と喧伝する自称エコノミストや学者があちこちで散見されたりした）。

しかし、それは完全な間違いであり、**虚言あるいはデマの類いと言わざるを得ない。**

実は、デフレ期においては、物価も下がっていくが、所得の方がより激しく低くなっていくのである。

ここで図3をご覧いただきたい。これは、「実質賃金」と言って、物価の変動を加味した上での、日本人全体の実質的な「賃金」の推移を示している。

もしも、物価の方が、賃金（給料）よりも激しく低下しているのなら、このグラフは「右肩上がり」に増えていくはずだ。

しかし、ご覧のようにこのグラフは、完全な「右肩下がり」のグラフだ。

実は、日本がデフレに突入したのは（クルーグマンが言及していたように）１９９８年からなのだが、その直前の１９９７年が、日本の「実質賃金」のピークだった。これを「１００」とした場合、２０１５年度は、残念ながら、９割以下の89・5にまで落ち込んでいるのである。[*7]

これはつまり、日本人はデフレのせいで、モノを買う能力を、約20年間の間で約１割も失ってしまった、という事を意味している。

つまり日本人はデフレによって確実に「貧しく」なってしまったのである。

しばしば、「マクロ経済がどうなろうが、ＧＤＰなるものが増えようが減ろうが関係ない、大切なのは、国民の生活だ」という言説を耳にすることがあるが、それもまた、単なる事実誤認であり、虚言、デマの類いだ。ＧＤＰが国民の所得の合計値である以上、ＧＤＰの停滞・衰退は人々の生活の「貧しさ」を直接意味しているのである。だからこそ、国民の一人

＊7　なお、物価上昇局面（インフレ）になっても実質賃金が低下するという現象が生ずるが、このグラフが取り扱う期間では、物価と名目賃金の趨勢は共に、低下傾向にある。

ひとりの生活や幸福にとって、GDPの問題、経済成長の問題、デフレの問題は極めて重大な意味を持つ、深刻な問題なのである。

「デフレ」こそが、文字通りの「諸悪の根源」である

「デフレ」あるいは「日本化」(Japanification)によって、国民が貧しくなっていったのは以上に示した通りだが、その弊害は、それだけに留まらない。

実は昨今、ニュースを賑わしているあらゆる問題の背後に「デフレ」という問題が潜んでいるのである。もちろん、それぞれの問題には固有の事情があることは間違いない。しかし、「大局的」な視点から眺めれば、デフレがあらゆる問題の背後に大きく横たわっている様がありありと見て取れる。**物事を「大局的」に眺めて考えてみるのは、しばしば少々骨の折れる作業**となってしまう時があるのだが、是非、以下の各項目を、頭を柔軟にして考えてみてもらいたい。

待機児童問題……例えば、昨今話題になっている保育所の待機児童問題。もしもデフレがなくて国民所得が高ければ、わざわざ共働きをしないという女性も増え、待機児童それ自身が少なくなる。しかも、GDPが高ければ当然、税収も多いのだから、保育園をたくさんつ

くることもできる。だから、待機児童の問題そのものが、デフレがなければあっと言う間になくなってしまうことは十分にあり得るのだ。

介護問題……昨今では「介護」の現場で、高齢者達が介護士達に「虐待」を受け、最悪のケースでは「殺害」までされるような事件が発生している。これについても、もしデフレがなく、ＧＤＰが高ければ政府はより多くの税収を得ることができるから、より良質な介護施設をつくり、介護士の給料を高くすることができたはずだ。同じく、介護の依頼者の所得も高いだろうから、介護士の給料も上がっていったはずだ。そうなると、より良質な介護士が介護をする、という状況が生まれていき、虐待をするような悪質な介護士達を現場から排除していくことも可能となるだろう。つまり、介護の問題の背後には「経済の悪化」という問題が色濃く横たわっているわけだ。

スキーバス事故（安全問題）……さらには最近、スキーバスの事故による15名の命が失われるという痛ましいことが起きた。この事故もまた、デフレが重大な背景要因だ。そもそも、この事故は、素人に近い運転手がスキーバスを運転していたから生じたと言われている。なぜそのような運転手が雇われていたのかと言えば、バス会社がデフレで儲からず、まともな運転手を雇うことが出来ないバス会社が増えていったからだった。もしもデフレさえなければ、バス会社は十分な給料を用意でき、結果、多くの人々が運転手を希望し、不適格な運転手は早晩排除されていったはずなのだ。というよりもそれ以前に、バス事業で儲かるのなら、今回のような「不適格業者」は早晩、排除されていたはずだった。[*8] 別の言い方をするなら、デフレだからこそ、バスビジネスで、直接カネにはならない「安全」が蔑ろにされていき、15名の犠牲者を生み出すような事故が起きてしまったのだ。だからデフレがなく、バスビジネスが十分に儲かるものだったとするなら、安全に対する配慮にもおカネが充当され、結果、その命は失われずとも済んだのかも知れないのだ。

シャープ身売り問題（日本メーカーの衰退問題）……より経済に直結する問題に着目するなら、最近ではシャープが台湾企業であるホンハイに買収されるという、日本国民としては複雑な心境にならざるを得ない事態が生じた。これもまた、デフレの帰結と言わざるを得ない。もしも日本がデフレにならず、成長し続けていたのなら、日本人はより多くの買い物をし続けた。結果、シャープの収益も確保され、「身売り」しなければならない程の事態には陥らなかったことは明白だ。

そもそもかつては、日本人の所得は世界の2割弱を占めていた。それだけの巨大マーケットで自由に商売ができたからこそ、シャープやソニーは大企業へと躍進していったのである。しかし今や、日本人の所得の世界シェアはわずか5・9％にまで凋落した。その結果、日本企業は、日本人という上客を失ったのであり、営業成績を急激に悪化させていったのである。逆に言うなら、かつての状況が継続していたのなら、今よりも格段に強い力を日本の家電メーカーが持ち続けていたことは間違いない。

さらに言うなら、それだけの力があれば、「研究開発」をさらに推進していた事もまた明白だ。そうなれば、今や外国勢に研究開発の点からも凌駕され続けている日本メーカーも、より高度な研究開発が可能となり、世界マーケットをより多く獲得していることすら考えられるだろう。

東京一極集中・地方衰退問題……一方で、東京一極集中の問題もまた、デフレが産み出した問題だ。もしも、デフレがなければ、あらゆる企業の業績が良質なものとなる。そうなれば、別に東京に進出しなくても、地方都市で十分にビジネスが成立することとなる。ところが、デフレになりビジネスが厳しくなれば、巨大マーケットを抱える都会でしかビジネスが成立しない、という状況になる。その結果、デフレが深刻化すればするほどに、地方が衰退

＊8　もちろん、もう一つの重要な背景はバス事業の規制緩和であり、これさえなければ、不適格業者はより効果的に排除されていただろう。ただし、規制緩和が行われた背景も、デフレになったことが原因だ、という点を見過ごしてはならない。そもそもデフレになったからこそ、何らかの改革が必要だ、という世論が高まり、十分な議論もないままに規制緩和が行われたからだ。詳細は第2章で論じる。

する一方で、都会への一極集中、とりわけ東京一極集中が進行してしまうのだ。実際、人口流動のデータを見れば、経済不況期には東京への人口集中が加速し、好況期には緩和していく、という明白な関係があることが明らかに示されている。

防災・教育・防衛力等（行政サービス劣化問題）……さらには、インフラの老朽化問題や防災問題、学校教育の質的劣化の問題など、政府の行政サービスが十分に高ければ緩和されている問題はいずれも、デフレがその重要な背景要因となっている。そもそもデフレだからこそ税収が減り、結果として、十分な行政サービスが出来なくなっているのである。

なかでもとりわけ深刻なのが、防衛力だ。日本の防衛費はGDPのおおよそ1%程度を推移している。だから年間5兆円程度、となっているのだが、もし、1998年にデフレにならず、世界（あるいは、欧米諸国）と同等の趨勢でGDPが推移していたとすれば、日本のGDPは2倍や3倍になっていた。だから、防衛に集中投資をすると決めていなくても、防衛費もそれにあわせて必然的に2倍、3倍になっていたはずなのである。さらに言うなら、GDPが伸びれば社会保障費も十分にまかなえるようになるから、財政全体に余裕が生まれる。その結果、防衛費を対GDP比で2%程度に拡大する議論も余裕で可能となっていただろう。そうなれば、尖閣諸島をはじめとした極東の「軍事バランス」は、今とは全く違った風景になっていたことは明白だ。

政府の借金問題（累積債務問題）……「政府の借金問題」の最大の原因もまた、デフレである。もしもデフレがなければ、ＧＤＰは年々成長していき、その結果、税収も毎年拡大していった。しかしデフレになったことで、ＧＤＰは衰退し、そのあおりを受けて税収も大きく落ち込んだのである。税収のピークは１９９０年の60兆円だったのだが、それがデフレのために大きく低下、最悪の時には20兆円以上も縮小し、２００９年には39兆円にまで落ち込んだ。一方で、社会保障費等は年々増えていったのだから、政府の借金が増えていったのも無理からぬことだったのだ。

だがもしもデフレにならず、普通の国々のように日本のＧＤＰが拡大していったとするなら、税収もまた増えていく。そもそも、ＧＤＰの一定割合が税収になるのだから、当たり前だ。そうなれば、借金が今日のように増え続けることなどあり得なかったのである。

少子化問題……さらには、少子化の問題も、デフレがなければさらに「緩和」していたことも間違いない。もちろん、少子化の原因には多様なものがあるが、その中の最も重要な要因の一つが経済問題である。所得が低ければ、何人もの子供をもうけることができない。せいぜい一人か二人しかもうけられない。一方で、所得が高ければ、三人、四人ともうけることができる。だからデフレさえなければ、少子化の速度は緩和していたはずなのである。

外交問題……最後に、さらに別の角度から言うなら、デフレさえなければ、北方領土問題もまた、全く違った展開を見せていた事も間違いない。そもそもかつて日本は、ヨーロッパ全域や、アメリカとほぼ「互角」と言える水準の経済力を持っていた。しかし今や、日本の経済規模はアメリカの四分の一、ヨーロッパの五分の一にまで凋落した。そしてかつては日本の敵ではなかった中国に追い抜かれ、今や中国の半分程度の経済力にまでなってしまった。

そんな「経済小国」を、ロシアとしても重視しなくなったとしても致し方なかろう。日本はかつて、軍事力も政治力もさして強くないかもしれないが、世界に冠たる経済大国だったからこそ、大きな存在感を国際的に発揮していた。ところが経済力すらなくなれば、日本のトータルとしての外交力が格段に低下したとしても何ら不思議ではない。かつてなら北方四島を返還すれば、日本から巨大な経済的見返りを得ることができる、という見通しがあったとしても、今やそんな見返りは、期待できない状況になったのだ。だから、デフレさえなく、世界のGDPシェアを維持し続けることができていたなら、北方領土を巡る情勢は、今とは全く異なったものとなっていたことは、間違いないのである。

——以上いかがだろうか。それぞれの問題について個別に様々な論点を考えてきた読者におかれては、それらの問題全ての根源にデフレがあるという主張に対して、唐突感をお持ちになるかもしれない。

しかし、例えば、自分の家庭が急激に貧しくなれば、教育も娯楽も住まいも付き合いも、何もかもオカシクなっていったとしても致し方ないだろう。今の日本はデフレによってまさにそのような状況に陥ってしまっているのである。

「貧すれば鈍する」――日本がデフレで貧しくなったことで、全ての歯車が狂い始めたのだ。だからこそ、あらゆる政治課題の中でもデフレこそが、最重要な課題となっているのである。なお、図4は、デフレによって如何なる問題が生じているのか、についての問題構造を整理したものである。この問題に関心をお持ちの方は是非、この図をじっくりとご覧になっていただきたいと思う。

クルーグマンもスティグリッツも、「デフレ」を終えるには積極財政が必要と主張

では、この成長できない病、「デフレ病」を治癒するにはどうすればいいのだろうか。

この点について、クルーグマンもスティグリッツも、共に全く同じ方法（治療法）を力強く提案している。

両者ともに、**「緊縮財政を止め、積極財政にすべし」**と提言しているのである。

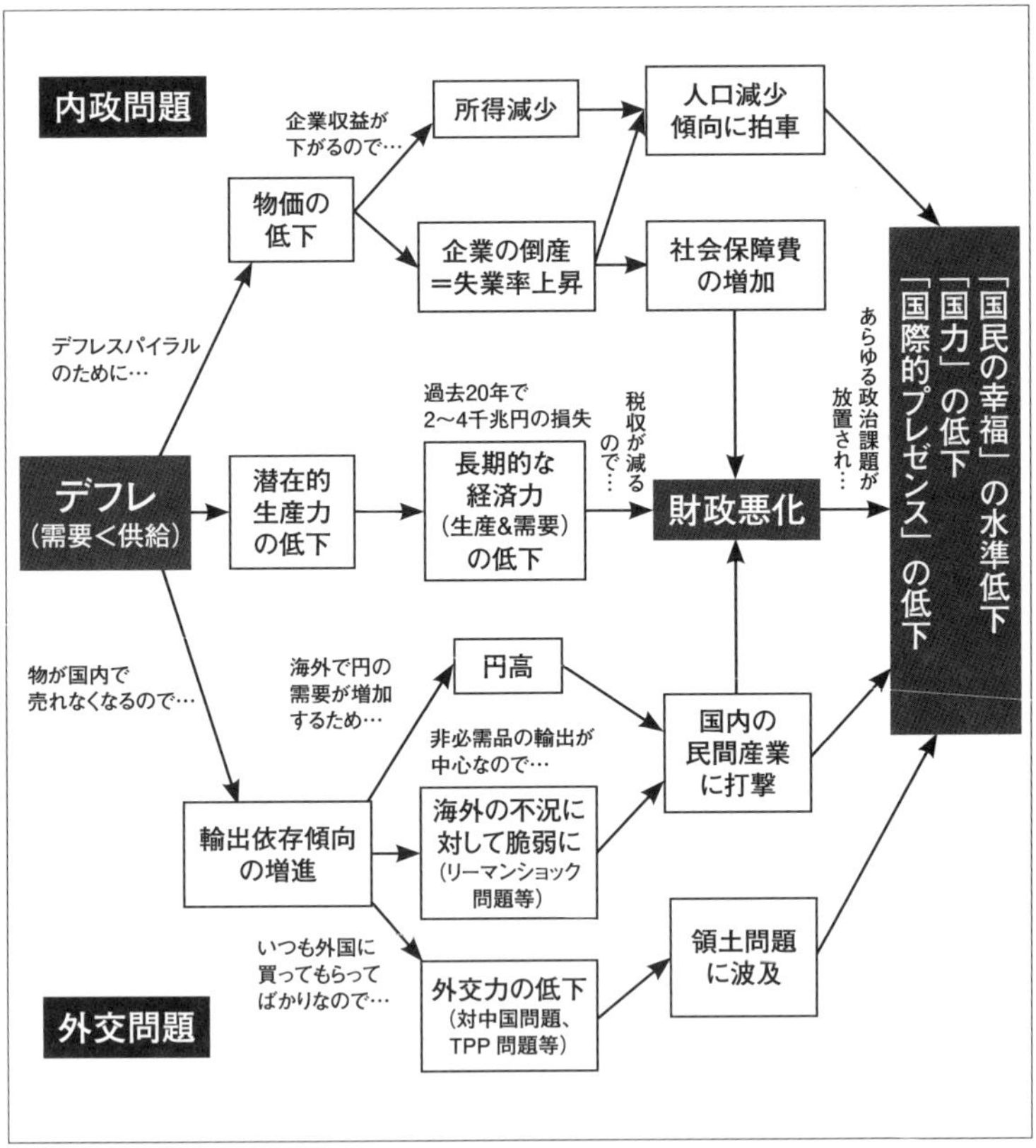

図４「デフレ」が日本社会にもたらす深刻な問題の構造

ここにいう**「緊縮財政」**とは、政府支出を可能な限りカットすると同時に、増税を図っていく、という財政方針だ。日本は8％に消費増税を行い、これと同時に、公共投資を90年代後半から大幅カットし、現在はピークの半分以下の水準にまで削減してきているが、これは緊縮財政の考え方そのものだ。

一方で、**「積極財政」**とは、増税せず、政府支出を拡大していく財政のことだ。例えば、第二次安倍内閣が発足した2012年度には、「10兆円規模」の補正予算を組み、様々な政府事業を展開したが、これが積極財政の取り組みだ。あるいは、1990年にバブルが崩壊した直後、日本政府は大幅な公共投資の拡大を図ったが、これも積極財政の典型例である。この積極財政は、主に景気が悪くなった状況下で行われるものである。

「景気」と「財政」の関係を巡っては、これまで長い論争の歴史がある。景気が悪い時は積極財政を行うべきだ、という議論はかねてより主張されてきたが、これに対して、積極財政では借金が増え、最終的に日本は大きな痛手を被ることになるのだから、「緊縮財政」を続けることが必要だ、という議論もわが国には根強くある。

そしてわが国の学界やマスメディアの論調では、「緊縮」派が優勢であり、「積極」派は、極めて劣勢であった。積極財政の議論があれば、直ぐにどこかから「日本の借金は1000兆円も越えているのに、積極財政なんて危ないことはできるはずないじゃないか」という反論が繰り出され続けてきたのである。

だから、安倍内閣が誕生し、アベノミクスの中で積極財政論が一部展開されたものの、補正予算の額は、初年度においてこそ10兆円という水準だったが、その翌年は5兆円強、さらにその翌年は3兆円強となり、さらにその次の年もまた3兆円強となった。しかも、途中で消費税が3％増税されて8％になったのだから、これでは「積極」財政とは到底いえず、圧倒的な「緊縮」財政だと判断せざるを得ない。

そんな中、例えば、スティグリッツは明確に緊縮から積極へと、財政の舵を切るべきであると強く主張した。

まず彼は、「緊縮財政をやめる」ことを「この道しかない」と、非常に強く主張した。そして「財政赤字に対して厳重な制約」をかけることは失敗を導くものと指摘。その上で、そうした支出に対する制約を撤廃し、「政府支出の増加」を図ることを提言したのである。

クルーグマンも同様だ。というよりも彼は、日本の「緊縮」財政を、名指ししつつ徹底的に批判してみせた。

まず彼は金融政策や構造改革といった対策の効果は、現在のようなデフレ状況下では「限定的」であることを指摘、その上で、

「最近過去の経験を踏まえれば、財政政策には大変に大きな効果があることは、一目瞭然だ」

と主張。その上で、

「財政政策の有効性は、今日のような世界的な不況状態（つまり世界的デフレ状況）ではとりわけ大きい……今日のグローバル経済は、本当に、本当に、財政政策を必要としている」[*9]

と述べた。そして挙げ句に、次のように強い調子で、「日本の緊縮財政」のコンセプトを、たっぷりとした皮肉を含め、徹底的に批判した。

「今、財政政策を行うということよりも、長期的な借金問題を重視すべきだ、というアイディアは、私にとっては、とんでもなく見当違いな間違ったものだ——もちろん私は今、日本の消費税問題について話しているんだがね」[*10]

＊9 "economies really, really need fiscal support."

＊10 "The idea that one should be prioritizing long-run budget issue over fiscal support now seems to me to be extremely misguided. Obviously I am talking about the consumption tax here."

さらには、この官邸での会合後に受けたインタビューで、彼は改めて、会合での主張を次のように紹介している。[*11]

私は今回の会談で、安倍総理にこう強く訴えかけました。「金融政策だけではなく、いま日本政府が決断すべきは強力な財政政策だ。日本はいまだアベノミクスの第2の矢を放っていない」

「金融政策と財政政策を合わせて出動し、さらに予定している消費増税もやめるべきだ。そこまでしなければ、日本はインフレを実現できない」

これは今回の会談で、安倍総理に必ず伝えなければいけないと決めていたものです。2012年から始まったアベノミクスは当初こそインパクトがありましたが、すでにその効果は薄れました。アベノミクスは人々の期待に応えられていない。いま安倍総理に求められるのは、よりラディカルなアクションであり、それは増税中止と財政出動をセットにした大胆な政策であるべきだと進言したのです。


つまり、スティグリッツもクルーグマンも、日本は増税をして支出カットするような緊縮という愚かな振る舞いを一刻も早く止め、徹底的に財政出動を行い、「日本化」の状態、つまり「デフレ」の状態から脱出することを力強く提言したのである。

なお、こうした提言を受け、日本のメディア上では、「消費増税先送り検討 首相 経済減速に配慮」（読売新聞2016年3月18日1面トップ）、「首相、消費増税先送り検討」（朝日新聞2016年3月26日1面トップ）、「消費税10％再延期へ 安倍首相が方針固める 5月に正式表明」（産経新聞2016年3月27日）と報じられ、まるで消費税増税延期が既成事実であるかのような報道が繰り返された。

無論、消費税の増税の延期、だけでは「積極財政」に舵を切ったとは到底言えない。それはさらなる緊縮に歯止めがかけられた、という程度の事に過ぎない。両教授の主張はもちろん、増税延期は当然の前提とした上で、**「さらなる積極財政」**であるという点は、改めて指摘するまでもない。

なぜ今、積極財政が必要なのか？（その１：デフレとインフレ）

ではなぜ、両教授がそこまで「財政政策」の必要性を主張しているのか――この点を理解するにはやはり、「デフレ」とは一体どのような「病理現象」であり、なぜその病理現象が

＊11 「クルーグマンが明かす『安倍首相が極秘会談で語ったこと』～消費税10％にするのか、しないのか　独占インタビュー」（現代ビジネス、2016年4月4日）

「始まったのか」を理解しておく必要があろう。

日本でデフレ不況であるにもかかわらず消費増税を行う（そして、それに見合うだけの財出を行わない）という両教授から見れば理不尽極まりない、愚かな対策が図られたのは、言うまでもなくわが国では「緊縮財政」のイデオロギー（思想）が世間を席巻しているからである。それが幅をきかせていられるのは偏《ひとえ》に「デフレがなぜ起こっているのか？」が十分に世間から理解されていないからに他ならない。だから、両教授の「積極財政を！」という主張を的確に理解するためには、デフレ経済の理由を十分に理解しておく必要がある。

まず、**デフレという現象は、「供給よりも需要が少ないという状況だ」**と理解していただきたい。

ここでこの意味を理解するためには、「需要」と「供給」という言葉のイメージを持っておく必要がある。

例えば、レストランをイメージして欲しい。

レストランには、「席」があり、そして「客」が来る。

この場合、「需要」というのは「客」の数だ。そして「供給」というのは、「席」の数である。

そして、「供給よりも需要が少ない状況」というのは、要するに、席が埋まらず空席が残っている状況だ。

こういう状況を「**デフレギャップがある状態**」と言う。**デフレギャップとはつまり、「空席の数」**を意味している。客が少なければ少ないほど、空席が増える。それはデフレギャップが増えていく状態を意味している。

そして、こうしたデフレギャップがある状態（つまり、空席がある状態）を、「デフレ状態」と呼ぶのである。

一方で、デフレの逆の現象は、一般に、「インフレ」と言う。

これは、デフレとは逆に「客の数の方が席数よりも多い状態」である。この状態では、席は満席となる。そして、入り口で客が待っている状態となる。この場合の客と席の数の差を「**インフレギャップ**」と言う。

――以上は、レストランの比喩だが、両教授は以上の話を経済全体に拡張して考えているわけだ。

つまり、日本人は衣食住や娯楽など、実に様々なものを様々に「必要」としている。そうした「必要」の総体を、ここでは簡単に「**需要**」と呼ぼう。そしてその「需要」を満たすために、私たちの国の中には実に様々な産業やお店がある。その総体を、ここでもまた簡単に「**供給**」と呼ぼう。

そして、デフレとは「供給の方が需要よりも多い状態」を言うのである。つまり、レストランで空席が残るように、国民が作ったものが売れ残る状態だ。そしてその売れ残りの量を

「デフレギャップ」と呼ぶわけだ。

もう少し、具体的に言うなら、あらゆるところで店は閑古鳥が鳴き、どのビジネスも客が少ないから売り上げが一向にあがらない——という状態だ。つまり、**デフレとは、あらゆる市場や業界で客が少ない、という状態**なのである（需要や供給といった抽象概念を使うよりは、こちらの方が圧倒的に分かりやすいだろう）。ちなみに、政府や日銀は、**わが国のデフレギャップは、過去1、2年においてはおおよそ10兆円から20兆円程度**あると推計しており、また、より適正な定義で推計すれば、それよりも遥かに大きいものとも指摘されている。[*12]

一方で、その逆にインフレとは「需要の方が供給よりも多い状態」である。レストランで空席待ちをしている客が入り口で待ち行列を作っているように、作ったものが全て売り切れになり、しかも、まだ、それを欲しいという国民が残っている状態だ。そして、その満たされていない需要の総量を「インフレギャップ」と呼ぶ。

これを具体的に言うなら、あらゆる店は満席で、どのビジネスも客が十分にあって、売れ残りもなく、儲かって仕方ない状況——だ。つまり**インフレとは、あらゆる市場や業界で客が十分にいる、**という状態である。

なぜ今、積極財政が必要なのか？（その２：デフレギャップがあれば、所得は下がる）

さて、ここで、デフレ状況の時、一体何が起こるのかを考えてみよう。

まず最初に、客＝需要があらゆる市場で少ない状況では、あらゆるビジネスが儲からなくなってしまう。だから、あらゆるビジネスで働く人の所得が下がっていく。そして中にはリストラ（解雇）せざるを得なくなる企業や、致し方なく「倒産」してしまう企業もでてくる。

つまり、「売れ残りがある」＝「デフレギャップがある」というただそれだけで、人々の給料が下がると同時に、失業と倒産が増えていくのである。

＊12　デフレの時、供給は直接測定が困難であることから「推計」することが必要となるが、その「推計」の仕方によって、デフレギャップ量は異なってくる。定義上、デフレギャップは、レストランの比喩で言うなら「空席数」とすべきなのだが（最大概念の潜在ＧＤＰと言われる）、内閣府や日銀ではどういうわけか「最近使われてきた席数のトレンド値」なるものが使われている（平均概念の潜在ＧＤＰと言われる）。これはもちろん、空席数よりも小さなものとなるから、内閣府や日銀のデフレギャップは極めて「過小」となることが定義上自明である。ただしそれでも（つまり、平均概念の潜在ＧＤＰを使っても）、ここ数年間のデフレギャップは10～20兆円程度となると推計されている。したがって、「レストランの空席」の概念で求めればそれよりも遥かに大きな数十兆円規模で存在することは明白である。詳細は、青木泰樹「２つの潜在ＧＤＰ」（「新」日本経済新聞、２０１４年7月12日）を参照されたい。

ここでデフレを理解する上でポイントとなるのは、こうして人々の所得が下がってしまえば、人々はますますモノを買わなくなり、その結果として、あらゆるマーケットで客がさらに減り、需要が冷えこんでいく、という点だ。

そもそも「おカネは巡る」ものであるから、誰かの給料は、早晩、どこかの店の「支払い」となっている。だから、人々の給料が減れば、必然的に需要も減る。

そうなると先に述べたように、ますます売れ残りが増え、ますます人々の所得は下がり続けていく。

そうなれば、さらに需要が減り、そしてその需要の減少はさらなる所得減を導き——と、連鎖的に、経済がダメになっていってしまう。

これが**「デフレ・スパイラル」**（デフレの螺旋階段）と呼ばれる現象だ。

つまり、一旦、**「客が少ない」**（需要が少ない）**というデフレ状況が、何かのきっかけで生じてしまえば、後は自動的に皆の所得が下がり続けていくことになってしまうのである。**

そして実際、わが国の国民所得は、1997年のピークから、図3に示したように徹底的に下がり続け、1割以上も下がってしまったという次第である。そして、そんな所得の総計であるGDPも、図2に示したように、世界各国が成長し続けている中、わが国日本一国だけが、衰弱していったのである。

逆に言うなら、図3のように私たち日本人が「貧しく」なり、図2に示したようにGDP

が衰弱していったのは、わが国においてある時、「客が少ない」というデフレ状況が出現し（それは、バブル崩壊がきっかけなのだが）、それ以後、「デフレ・スパイラル」のメカニズムを通して螺旋式に経済が悪化し続けてきたからである。

一方で（少なくとも2008年のリーマンショックまでは）、**そのような「デフレ病」を患っている国は、わが国一国を除いて世界中どこにもなかった。**だからこそクルーグマンは、デフレ化してしまう事それ自身を——我々日本人にとっては誠に不名誉ではあるが——「日本化」Japanification と表現したのである。

なぜ今、積極財政が必要なのか？（その3：デフレ期にはモノの値段が下がる）

ところで、デフレといえば、「物価（モノの値段）の低下」を意味するものと説明されることが多い。実際、デフレとは物価の低下を伴うし、それが一般的な「デフレの定義」となっている。一方で、その逆のインフレとは、「物価の上昇」を意味するものである。

そもそも物価の上下は、国民所得の増減に直結している。値段が高く売れれば、各ビジネスは当然儲かっていく。だから、働く人の給料も上がっていく。逆に値段が安くなれば、各企業は儲からず、給料も下がっていく。

そして、物価の上下は、需要と供給のバランスで決まるものだ。需要が多い（つまり客が多い）インフレ状態では、モノが高くても売れるから値段は自然と上がっていく。だから、働く人の所得も上がっていく。

一方で、需要が少ない（つまり、客が少ない）デフレ状態では、モノを安くしなければ売れないから、値段は自然と下がっていく。そしてその結果として、人々の所得も下がっていくのである。

だから、デフレの時に所得が下がり、インフレの時に所得が上がる、という先の項で述べたメカニズムを、もう少し詳しく説明しようとすれば、「物価」を考えることが必要だ、という次第なのである。

しかも、物価を考えておいた方が、デフレというものが一体どういう現象なのかがより直感的に分かりやすくなるだろう。実際、100円均一ショップは増えたし、牛丼の値段も安くなったし、やたらと安い衣服が身の回りに出回りまくっている。しかしそれだけ安くなっているのだから、そこで働く人の給料もまた安くなっているのも当然だ。物価の下落と、所得の下落は歩調を合わせて進んでいくのである。

なぜ今、積極財政が必要なのか？（その４：競争が激化し、格差が拡大していく）

ここでもう少し、物価が下がっていくメカニズム（マーケットメカニズム）について触れておこう。

そもそも、デフレ下で、需要が少ない状況というのは、「客が少ないのに企業が多い」という状況だ。この状況では、限られた客を奪い合う競争がどうしても激化してしまう。すなわちデフレ下では、「過当競争」と呼ぶべき状況が現れるわけだ。客が十分いるなら企業同士、共存共栄の「余裕」が生まれてくるが、客が少ないならつぶし合いの競争がはじまってしまう。

デフレにおける中心的現象がこの「過当競争」にある。

なぜなら、デフレのあらゆる弊害が、この「需要不足に伴う過当競争」によってもたらされるからだ。

過当な価格競争（一般に〝ダンピング〟と呼ばれる）が生じ、結果として各企業の収益が低迷し、労働者の賃金が低下していくのは、先に述べた通りだ。

しかもそれに加えて、過当競争は、否応なく**格差を拡大させる。**

強者と弱者は、戦わなければ共存は可能だ。しかし、デフレ下で過当競争が生まれれば、強者と弱者が戦う状況が生まれる。そうなれば、必然的に強者は常勝、弱者は必敗状況となっていく。結果、弱者はより弱くなっていく一方、強者はより強くなっていく。そして、それに耐えきれなくなった弱者は「倒産」せざるを得なくなっていき、大量の「失業者」が産み出されていく。これは後に述べる「供給の劣化・毀損」を意味している。

かくしてデフレ下の過当競争は、失業と倒産を大量に産み出すと同時に、格差を拡大させていくのである。貧しい者はより貧しく、富める者はより豊かになる——それが、デフレ社会なのである。

なぜ今、積極財政が必要なのか？（その5：企業が「貯金」ばかりするようになる）

ところで、デフレ期にはもう一つ、大変深刻な問題が生ずる。

それは、企業が儲かったお金を使わないで「貯金する」という傾向が強くなる、という側面である。これはつまり、企業の「財政」のあり方が、「積極」財政ではなく「緊縮」財政へと変質してしまう事を意味している。

例えば、もしも各企業が皆、儲けたお金をすぐに使ったとしたら——お金がグルグル回り、世の中の景気は凄まじくよくなっていく。つまり「需要」が大きく増大し、経済は「インフレ」となっていく。

一方で各企業が儲けたお金の大半を貯金し、あまり使わなくなったとしたら、お金が世の中を巡らなくなり、景気は悪くなっていく。つまり、「需要」は減少し「デフレ」となる。

もちろん、一般の世帯においても同様の傾向が生ずることは考えられるが、世帯の場合は、最低限の食費や生活費は削りようがない――という事情もあることから、デフレになったからといって必ずしも「貯金が増える」というわけではない。そもそもデフレになれば、所得が減ってしまい、どれだけがんばっても貯金ができない、という世帯もある。

ただしそれでもなお、デフレ下では人々は出費をケチって、貯金を殖やそうと努力する。一般に収入に対する出費の割合を「消費性向」と呼ぶが、デフレ下では消費性向は減退するのである。例えば、日本は最近8％に消費増税したが、これで人々の消費性向は75％から72％へと、実に3％も減退してしまった。収入が減って苦しくなったにもかかわらず、だ。この減退した3％分はもちろん、貯金に回ることになっている。すなわち人々は増税で苦しくなったから（というより苦しくなったにもかかわらず）、3％分、貯蓄の性向を増やしたのである。

ただし、そうした傾向は企業においてはより鮮明に表れる。そもそも企業はカネを銀行から借りてまで「投資」する存在だからだ。一般の世帯はそこまで借金するような存在ではないが、企業というものはそもそも、「カネを借りて、そのカネで投資をして、儲け、その儲けで借りた分を返す。そして再びカネを借りて……」という**「借金と投資と返済」を繰り返していく存在だ。**

しかし、デフレになれば、企業は一気に「投資」しなくなっていく。

今よりも明日、明日よりも明後日――という風に、景気がどんどん悪くなっていくのが「デフレ」という時なのだから、投資したって、「回収」できる見通しは低い。事業を拡大しても、赤字が増えてしまうだけじゃないか、と思ってしまう企業が増えるのだ。

その結果、企業は投資しない存在となっていくわけである。

そうなれば、彼らは「カネを借りる」事をしなくなっていく。というよりもむしろ、彼らは一般の世帯のように、**設けたカネを投資に回さず「貯金する」ようになっていく。**[*13] そもそもデフレでは、将来儲けが拡大していくどころか、倒産したり経営危機に陥ってしまうのではないか――という不安が大きくなっていくからだ。折しも**過当競争**に晒されている各企業は、その厳しい競争の中で倒産しないように、**自己防衛**のために万一に備えて、可能な限り貯金をしていくのである。

あるいは、次のように言うこともできる。そもそもデフレとは「モノの値段の下落」現象を言う。それは逆に言うなら、貨幣（例えば1万円）の価値が「上がっていく」事を意味している。だからお金を儲けたなら、それを長く保持していればいるほどに、その価値が「上がっていく」こととなる。つまり、今あせってモノを買うより、将来モノを買う方が、同じカネでより多くのモノを買うことができるようになるのである。だから、企業が合理的に振る舞う限り、彼らは今使うのではなく、出来るだけ長く「貯金」しておこうと考えるのである。つまり、デフレ下では、投資よりも貯金の方が合理的選択だという事になるのである。

ではここで、実際に企業が貯金を増やしてきたのか否かを確認してみよう。

図5をご覧いただきたい。

これは、「企業の内部留保金」といって、企業が儲けた金を、貯金等の何らかの金融資産のかたちで「貯めている」カネの総量を示している。ご覧のように、デフレが深刻化していけばいくほどに、内部留保金が拡大していった様子がお分かりいただけよう。つまり、デフレになれば、企業が儲けた金を使わずに、貯金ばかりするようになっていくのである。

ここで改めて指摘しておくが、そもそも資本主義というものは、「世帯がカネを貸し（＝貯金し）、企業がカネを借りる」という役割分担があって、はじめて回るものだ。つまり資本主義というものは誰かがカネを借りて、それを事業に投入していくことではじめて回るものなのである。ところが、デフレ下ではカネを「借りて使う」存在である企業ですら、ただ単にカネを貸す（＝貯金する）だけの存在になってしまうのである。これはいわば、**資本主義の「心肺停止」**だ。誰かがカネを使って回るのが資本主義なのに、誰もカネを使わなければ

＊13　厳密に言うと、貯金なども含めた何らかのかたちで、儲け分を投資に回さず、「金融資産」として保持していくようになっていく、ということである。

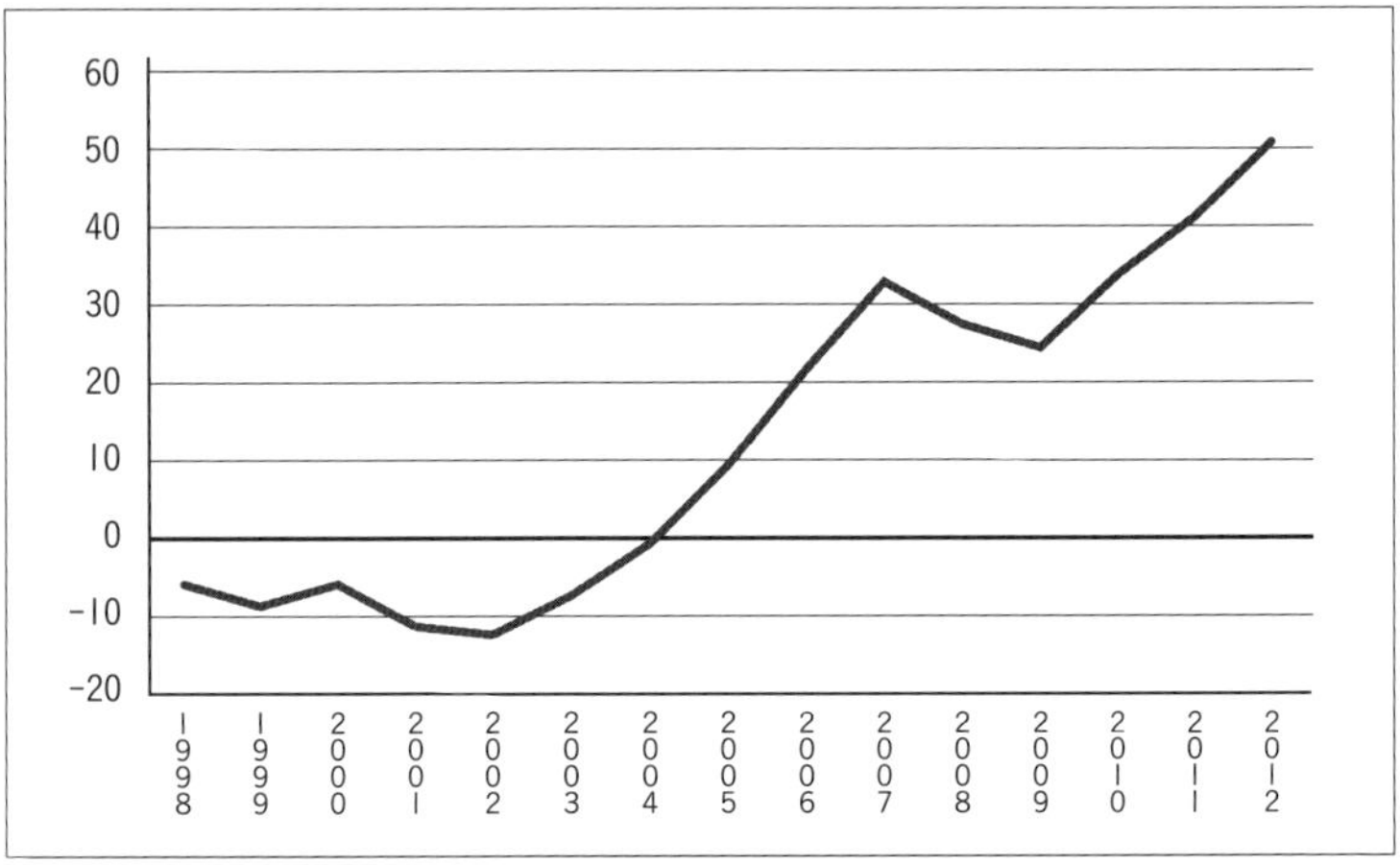

図５　企業の内部留保金
出典：『法人企業統計からみる日本企業の内部留保（利益剰余金）と利益配』（岩瀬忠篤・佐藤真樹、ファイナンス、2014.7）の図７－１の報告値に基づいて作成したグラフ。1998 年からの累積値を表示

ば、経済が停止してしまうのだ。

いずれにせよ、こうやって、「デフレだから」という理由で、カネを使うべき企業が貯金ばかりするようになって、カネを使わなくなっていく――ということで、結局はますます、「需要」が縮小し、デフレが悪化していく。

つまり（少々ややこしい話で恐縮だが）、デフレ下で加速的に需要が縮小していってしまうのは、「デフレ下では各企業の利益が〝物価の低下〟を受けて低下するから」という理由があるからだけでなく、「デフレ下では各企業が「緊縮財政」になり、貯金ばかりしてしまい、支出を削ってしまうから」という理由もあるからなのである。つまり、デフレになれ**ば企業は収入も減るし、収入よりもさら**

に激しい割合で出費を減らしてしまう（つまりより過激にケチになる）のである。[*14] 言うなれば、デフレは全ての企業を「貧乏」な「守銭奴」（金銭に異常な執着を持つ人の意）にさせてしまうのである。

なぜ今、積極財政が必要なのか？（その６：デフレで「供給力」が失われていく）

こうして一国の経済が「デフレ病」を患ってしまえば、カネの巡りがどんどん悪くなっていくのだが、その結果、先にも指摘した通り、待機児童問題から北方領土問題の深刻化まで、

＊14　以上の内容をもう少し詳しく解説しよう。「デフレギャップ」があれば、物価が下がり、結果企業の利益も少なくなり、最終的に賃金が下がってしまうが、ここで、もしも「企業の貯金」（内部留保金）の総額が変わらないのだとすれば、物価の低下率と、賃金の低下率は一致する。しかし企業の貯金（内部留保金）が、図5に示したように増えていくのだとすれば、物価の低下よりもより早いスピードで賃金が低下していってしまうこととなる。なぜなら、「物価が下がる」という原因だけでなく、企業が儲けた分を「ピンハネ」していく（＝賃金に反映させずに内部留保化していく）という原因でもって、賃金は低下していくからだ。さらには、「全ての企業が出費しないので、より一層各企業の業績が悪化していく」という原因も加味すれば、賃金は物価よりもより早く低下していってしまうことになる。これが、デフレにおいて必然的に名目賃金のみならず実質賃金も低下していってしまう理由である。

ありとあらゆる側面で問題が生じることとなる。

ここでは、そうした問題が噴出していく理論的なメカニズムを、簡単に解説しておきたいと思う。

図6をご覧いただきたい。

これは、「デフレギャップ」がある時点で生じた時、徐々に「需要」が低下していき、それに引き摺られるようにして**「供給」も失われていく**様子を示したものだ。

先に触れた待機児童問題、介護問題、スキーバス問題、シャープ身売り問題（日本メーカーの衰退問題）、地方衰退問題、防災・教育・防衛力等の行政サービス劣化問題等の問題は、いずれも、少々抽象的な経済の用語を用いて言うなら全て、「良質なサービスを高い生産性の下で提供できる供給力が失われたことで生じた問題」と解釈することができる。だから、これらの問題を「構造的に理解」するには、デフレ下で一体いかにして供給が劣化し、毀損されていくのかを把握しておくことが必要となるのだ。

少し詳しく解説しよう。

まず図6の「時点1」にて、デフレギャップ（つまり、需要と供給の差、あるいは「売れ残った供給量」）が生じてしまったと考えよう。こうなると、様々な理由で「需要」がさらに減っていくことになる（客が少なく業績が悪化するから、各企業の収益が減り、給料も減る。結果、世帯も企業も皆、支出を削り、最終的に需要がさらに減少する――というのは、これまで繰り返し論じてき

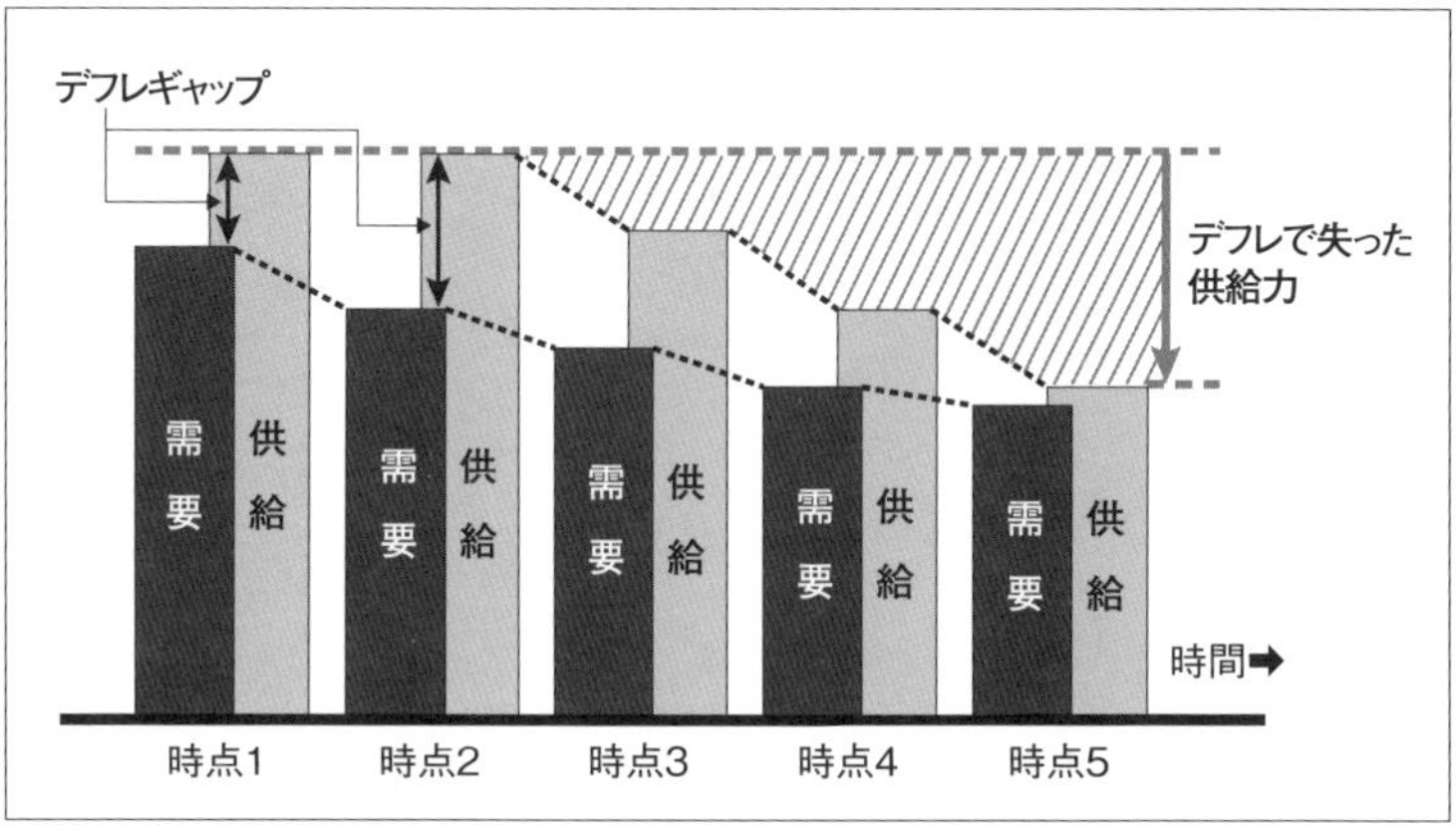

図6　デフレの放置で「供給力」＝「生産力」が失われていくメカニズム

た通りだ)。

そして、「時点2」において、デフレギャップがさらに「拡大」してしまうことになる。

こうして、「デフレギャップがある」というだけの理由で「デフレギャップが拡大する」こととなるのだが――デフレギャップは永遠に拡大していくわけではない。

なぜなら、作っても売れない――のだから、皆がモノを作らなくなっていくからだ(時点3)。

つまり、あらゆる業界で支出をカットするための「規模縮小」が進められ、あらゆる**合理化**が進められる。まずはボーナスカットを皮切りに、給料が減らされていく。さらには機械も職員数も、そして、店舗も工場も、皆、減らされていく。こうして、いわゆる**「リストラ」**が横行するわけだ。

そしてそこまでやっても耐えられない企業は、最終的に「倒産」していく。

こうした規模縮小、合理化、リストラは、マクロな視点からみれば、「時点3」に示したような**「供給力が失われる」**という事態を意味している。

なお、以上に述べたプロセスと並行して生ずるのが、企業内の内部留保金の拡大だ。デフレ下では、各企業が緊縮的になり貯金ばかりするようになって、自らの生産性を上げる投資を行わなくなっていく。だから、生き残った企業においても、その「供給力」が下がっていくのも当然だと言えよう。

このようにして、図6に示したように、デフレギャップがあれば需要が縮小していき、それに引き摺られるようにして供給もまた縮小していく。こうして、時間が経過すればするほどに、需要のみならずその国の「供給力」、言い換えるなら**「生産力」**が失われていくのである。

なぜ今、積極財政が必要なのか？（その7：デフレで日本は「後進国化」していく）

ここで、「供給力が失われていく」という言葉の意味を、さらに詳しく考えてみよう。

もちろん、デフレが永遠に続くのなら、この供給力の毀損は問題ではない。どれだけモノをつくっても、誰も買う者がいないのだから、それを作り続ける供給力を保持しておくなんて「無駄」だということになる。

しかしだからといってそれを放置しておけば、その国はもう二度と経済不況から脱却できなくなってしまう。将来デフレが完全に終わり、国民の需要が旺盛になったとき――供給が完全に損なわれていれば、その国は国民の需要を満たす事が出来なくなってしまうからだ。

あるいは、デフレが終わらずとも、突発的な需要が生ずることなど、日常茶飯事だ。災害が起これば建設供給力が急激に必要となるし、海外の政情不安で食料や特定物資の輸入が出来なくなれば、それを供給する生産力は、日本の生き残りのために必要不可欠となる。その他寒すぎたり暑すぎたり、何かのブームが起こったり、何かの事故があったり、あるいは国内製品が海外で爆発的に売れるようになったり――そんな事で突発的に特定のモノについて需要が急激に増加することはいくらでもある。しかし、デフレ下の低調な需要にあわせて全ての供給が失われ、全く余裕がなくなっていれば、それらに全く対応できなくなってしまう。

そもそも供給力・生産力があり、資源等の特殊なもの以外は輸入に頼る必要がない、という事こそが「先進国」の条件だ。だからデフレを放置して、供給力、生産力が失われていけば、その国はその国民が必要とするものを自力で作れない「後進国」にならざるを得ないのだ。

そして、一旦後進国となってしまえば、再び先進国となるのは極めて難しくなる。なぜな

ら、供給力、生産力というものは、一朝一夕に身につくものではないからだ。

例えば最近では東レが飛行機の素材を提供することに成功したが、それは、何十年もの間の沈黙の研究開発努力がようやく実を結んだからだ。急に研究開発を始めたからと言って、翌年素晴らしい技術が生まれるものではない。だから、デフレの今、あらゆる業界で研究開発への投資が停滞すれば、将来の技術レベルは圧倒的に劣化してしまう。これこそ、「後進国化」の典型だ。

あるいは、老舗の料亭や、大島紬や西陣織等の、日本を代表する素晴らしいモノやサービスを生み出す力、生産力は、長い日本の歴史の中で培われたものだ。国民性も文化も何もないところで、ミシュランが高く評価するような老舗の料亭や世界に誇れる伝統民芸品がいきなり産み出されることなどあり得ない。だからデフレの今、あらゆる贅沢品への出費が削られ、良質な老舗が「上客」をあらかた失って潰れていってしまえば、デフレから脱却した時にいざ、日本人が上質のモノを求めるようになったとしても、二度と復活できず、全く対応出来なくなってしまう。それを支える技術も職人も社会的風習も皆失われてしまっているからだ。これもまた、デフレによる「後進国化」の一つのかたちだ。

例えば筆者は京都の西陣に住んでいるが、ここ数年で、近所から機織り機の音がほとんど聞こえなくなってしまった。一旦破壊された西陣織の技術を取り戻すのは至難の業だろう。

いずれにしても「大量生産」の工場ならいざ知らず、上質の技術を提供する「生産力」は、

「先進国」でしか培われないものであり、一旦失われて「後進国化」してしまえば、壊れてしまったガラス細工を元に戻すのが至難の業であるように、それを取り戻すことは絶望的となる。

しかも困ったことに、デフレにおいては、一朝一夕には手に入れられない文化的な供給力や高度に技術的な供給力から「先」に失われていってしまう。逆に、デフレの時代には、安いジャンクフードや100円均一商品の供給力は失われていくどころか逆に「増えて」いってしまう。いわゆる「デフレ産業」は花盛りとなる一方、上質なモノやサービスを提供する「非デフレサービス」はどんどん衰退していくわけだ。つまり、デフレになれば、供給力＝生産性はトータルとして失われていくが、中でも特に早く失われていくのは文化的、歴史的、技術的な面で質の高い供給力なのである。だから、デフレに陥った国では、生産力の「量」は低下していくのはもちろんのこと、その「質」の方がさらに激しい劣化に見舞われてしまうのであり、その結果として、より激しく「後進国化」していくのである。

なぜ今、積極財政が必要なのか？
（その８：諸悪の根源中の根源、「需要不足」を解消せよ！）

以上、「なぜ今、積極財政が必要なのか？」を理解する上で何よりも重要となる、クルーグマンが日本化と呼んだ「デフレ」という現象が一体どのようなものなのかを概観した。

簡潔に言うなら、デフレとはつまり**「需要不足」のせいで**（つまり、「客不足」あるいは「デフレギャップ」のせいで）、過当競争が生じて人々の所得が（物価の下落以上により激しく）低下していく、という現象だ。それと共に、企業も家計も皆、緊縮的になり貯金ばかりするようになって、カネを使わなくなっていく。そしてそれらの結果として、「需要がますます縮小」していく。しかもそうした需要の縮小に引き摺られるようにして、「供給」の方も、より上質な産業から失われていくことになる。

すなわち、**ある時点で生じた「需要不足」**（デフレギャップ）**がきっかけとなって、国内のあらゆる産業が破壊され、国力が蝕まれていく現象──これが、デフレというものである。**

ここで重要なのは、こうした様々な「帰結」は全て、「ある時点で需要不足となってしまった」という一事に端を発するものだ、という点である。

例えば、「震災」というものは、地震で地面が揺れて、建物が倒壊し、火事が起こり、電気が止まり、産業が破壊され、経済が停滞し、連鎖倒産が始まり、震災不況が始まる──という一連の現象を意味するものだが、元はといえば、**「地下の岩盤が割れる」というただ一つの物理現象が震災の全ての起点だ**。今日、日本に巣くう「デフレ」もまたそれと同じように、（「バブル崩壊[*15]」のあおりを受けて）**需要不足**（デフレギャップ）**が生まれた、というただ一つの現象がデフレの全ての起点**なのである。

つまり、需要不足＝デフレギャップこそが、諸悪の根源中の根源、という次第である。だからこそ、この諸悪の根源中の根源たる需要不足＝デフレギャップを解消する事こそが、デフレを終わらせる唯一の道なのである。つまり、「需要不足」さえ解消できれば、その後に引き続く、物価と所得の下落と企業内部留保の増進、それらに基づく需要のさらなる縮小、そしてそれを起因とした供給の毀損――という全てのプロセスは一切、駆動しなくなるのである。

ここで、需要不足＝デフレギャップといえば、少なく見積もっても10兆円～20兆円、本来の定義に基づいて適正に推計すれば、それ以上の数十兆円の水準で存在するということが指摘されている。これだけの巨大なデフレギャップを埋めることは困難を極める難事業だ。

しかし、**国内最強の「経済主体」である政府なら、それが可能だ。**

すなわち、その需要不足を解消すべく、**政府がデフレギャップに相当するカネを用意して、国内の市場のモノやサービスを大量かつ一気に購入すれば、デフレギャップを埋める事が可**

＊15　日本がデフレになったのは、1990年からであるが、その直接的な背景要因が、90年前後に生じた「バブル崩壊」である。空前の好景気であったバブル期、その巨大な需要に対応すべく、あらゆる産業で供給力が増強されていった。しかし、バブル崩壊によって多くの人々・企業が巨大な「借金」をかかえ、一気に購買意欲、投資意欲が減退、その結果として、需要が一瞬にして急落したのだ。その結果、何十兆円ものデフレギャップが一瞬にして生まれてしまったのである。

能となる。こうした取り組みこそが、スティグリッツやクルーグマンが何度も主張した「財政政策」なのである。

ここで、「モノを購入する」ということはもちろん、「需要を作り出す」という事であるから、こうした財政政策はしばしば、「需要の創出」と言われたり「需要拡大」と言われたりする。あるいは、デフレを終わらせるために必要なのは、日本国内の需要であることから、その点を強調する趣旨で「内需拡大」と呼ばれたりもする。

なぜ今、積極財政が必要なのか？（その9：財政政策による「治療」は数年限定で）

諸悪の根源たるデフレの原因は需要不足（デフレギャップ）、なのだから、その不足分の需要を埋める「財政政策」を行えば、デフレは終わる——これが以上に述べた話の骨子だ。

しかしここまで来れば、しばしば次のような批判を耳にすることになる。

「政府支出でデフレギャップを埋めればよいのは分かった。しかし、それでは、毎年毎年、政府は財政政策を続けなければならなくなって、キリがなくなるじゃないか——」

しかし、この見解は完全な間違いだ。

結論から言うなら、デフレを終わらせるための財政政策は「期間限定」で十分、なのだ。

例えば、麻生政権は、リーマンショック[*16]の対策のために、15兆円の大型補正予算を組んだ。麻生総理は当時「全治3年」と言い、財政政策を3年限定で遂行しようとしたが、その時想定されたのが、「期間限定で大丈夫」という考え方だ。

図7をご覧いただきたい。

これは財政政策によるデフレ脱却のメカニズムだ。

簡潔に言うなら、**財政政策で需要不足を埋めれば、需要が徐々に回復し、最後には財政の支援がなくても成長していく**――というものだ。

もう少し詳しく解説しよう。

まず時点1のデフレギャップに見合う分の政府支出を行い、官需（政府が創出した需要）によってデフレギャップが埋められれば、需要と供給のバランスが回復する。

そうなると、物価の下落や所得の低下、内部留保の増進などのデフレ現象が鳴りを潜めることとなる。結果、人々の消費も企業の投資も低下することはなくなり、需要の縮小は食い止められる。

*16　リーマンショックの時、日本は大変な不況に陥ったが、これは、日本からの輸出が年間で27兆円も一瞬にして縮小してしまったからだ。これは27兆円分の需要が縮小した事を意味しており、ただでさえデフレであった日本経済において、デフレギャップがさらに拡大してしまったのである。

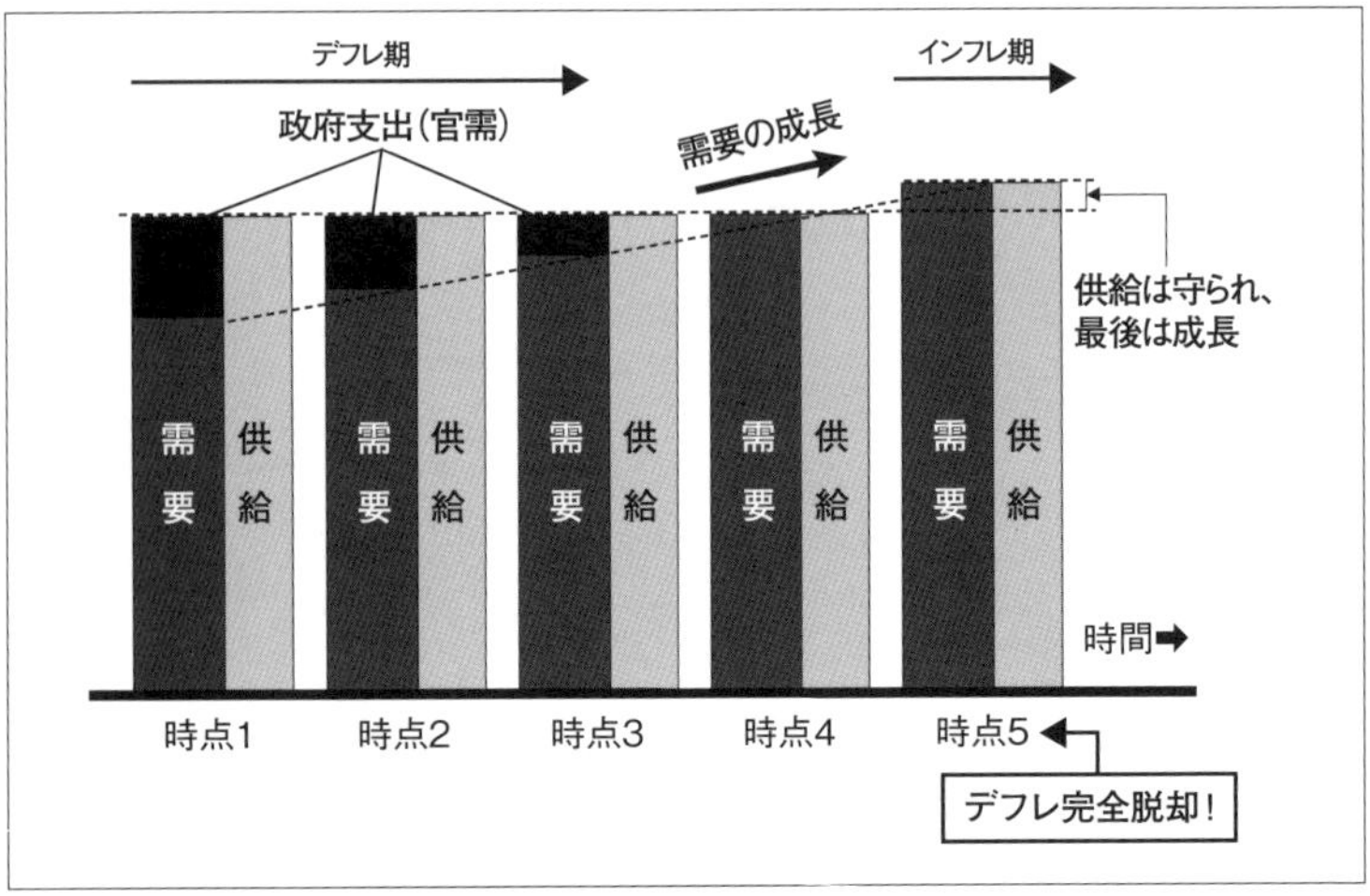

図７　財政政策によるデフレ脱却のプロセス

それだけではない。そもそも、図2（36頁）に示したように、経済というものは「成長」していくのが自然な姿なのだ。図2からも明らかな通り、デフレという状況が異常事態なのであり、「成長しない」というのは日本化と言われる程に、日本一国だけの病理的現象なのである。しかも、デフレ「前」には、人々は、その「供給」の全てを「需要」していたのだ。だから、人々の「潜在的な需要量」は、今、そこに存在している「供給」の水準からそれほど大きく乖離するものではない。ただデフレに陥ってしまって、人々や企業の消費や投資が抑制され、そのデフレの間だけ需要が萎《しぼ》んでしまっているに過ぎない。だから、一定の所得や収益が得られれば、人々や企業の消費や投資は、かつての水準に徐々に近づいていくのも必然なのである。

かくして、図7の時点1の財政政策による政府支出・官需によって受給バランスが回復すれば、時点2においては需要が幾分回復することとなる。

これと同様に、時点2において、残存するデフレギャップに見合う政府支出を行えば、ここでまたデフレギャップが埋められ、需要がさらに回復していく。こうして、時点3となり、同様の政府支出を行えば、例えば時点4で、需要は供給の水準に到達する。

この時点で**デフレギャップは完全に解消**することとなる。

こうなれば後は、財政政策による需要の「ゲタ」を履かせずとも、需要はさらに増進していくことになり、その増えた需要に対応すべく産業界も投資が進められ、需要増に引き摺られるようにして、供給の方もさらに増進していくこととなる。

ここまでくれば、今度は逆に、技術革新で良質な供給が増えれば、その供給の増分が需要を刺激し、需要を増加させる、という事態も生ずることとなる。

こうして供給増が需要増を引き出し、需要増が供給増を引き出す、という「好循環」が生まれ、自立的に需要と供給が共に成長し、まさに「デフレ完全脱却」と呼ぶにふさわしい状況となる。

ここまで来れば、さらには「文化的発展」といってふさわしい状況が訪れる。なぜなら、需要と供給の相互作用は「量」の点だけで進行するのではなく、「質」の点でも進行していくからである。

より良質な供給が産み出されれば、需要の質もより良質となる。良いレストランができれば、その地域の人々の舌も肥える、ということだ。一方で、需要の質が向上すれば、供給の質ももちろん向上する。客が上質化すれば、レストランのシェフも勉強して味もさらに良くなっていく、ということである。

要するに、デフレから完全脱却し、「インフレ経済」となれば、これまでの「デフレ経済」とは何もかも真逆の事柄が進行していくのである。失業も倒産も減少し、消費も投資も旺盛となって需要が増え、物価のみならず所得も上がり、供給の方も量と質の双方の視点から成長していくのである。

なぜ今、積極財政が必要なのか？（その10：「脱出速度」を確保せよ！）

以上の議論は、「デフレ経済」から「インフレ経済」への質的な転換は、デフレギャップを埋める期間限定の財政政策を展開するだけで十分だ、という事を意味している。

このことを、クルーグマンは次のように表現している。

「日本経済をデフレから脱却させ浮上させるためには、〝脱出速度〟を獲得する必要がある。私たちはそのための十分な速度を求めているのだ」[*17]

ここで、脱出速度とは何かと言えば、彼自身が提言の中で説明しているように[*18]、「打ち上げられたロケットが、地球の重力圏を離脱するのに十分な速度」である。これは、地球の場合には、秒速11・2キロ以上、ということが知られている。

地球の重力圏を離脱するのに、遅い速度では不十分だ。これはつまり、財政政策がデフレギャップ以下ならば、デフレ脱却はできない、という事に対応している。

一方、ロケットにおいて秒速11・2キロを確保するためには、エネルギーを一定期間、噴射し続けなければならない。これは、数カ年の財政政策が必要だ、という事を意味している。ただし、11・2キロ以上の速度は脱出するために必要ないのだから、エネルギーの噴射は無限に継続しないといけない、というわけでもない。同様に、財政政策もまた、「数年限定」で事足りるのである。実際、クルーグマンは、以下のように「2－3年」の短期的な財政支出の必要性を訴えている。

＊17 "…an escape velocity has to be earned in order to lift the Japanese economy out of deflation and we were looking for a good speed to do that".

＊18 "Escape velocity: the rocket that goes fast enough to not come down again"

「私は、成長率は2％以上なければならないと思う。この成長率2％を実現するという目標に比べれば、2-3年間の財政収支の事なんて、全く問題じゃない」[*19]

ここで彼が言及している「2-3年間の財政収支の事なんて全く問題じゃない」という言葉は、とにかく、「財政政策を徹底的に展開すべし」という事に加えて、それは、「2-3年程度で十分だ」という含みも持つものである。

いずれにせよこのように考えれば、脱出速度という概念は、図7に基づいて解説した、デフレ脱却のために必要とされている十分な「財政政策」を「一定期間」継続していく、という概念に瓜二つであるという事がよくお分かりいただけるのではないかと思う。クルーグマンが言っているのは、一定規模以上の財政政策を一定期間「ふかし続ける」ことが、デフレ重力圏から離脱するために必要だ、という事であるが、図7で論じたデフレ脱却メカニズムは、その具体的なプロセスを描写したものなのである。

なぜ今、積極財政が必要なのか？（その11：「財政政策」以外の妙案はない）

以上、本章では、デフレが如何に深刻な問題であり、そして、それが如何なるメカニズムで国力を蝕み、人々を不幸のどん底へと導いていくのかを論じた上で、そこから脱却するのに、「脱出速度」を確保する程の十分な「財政政策」が必要であることを論じた。

もちろん、デフレギャップを埋める事が、デフレという病理を終わらせる唯一の治療法である以上、それを埋めるのが、別に「政府」である必要はない。民間の力でデフレギャップを埋める事ができるのであれば、それでも構わない。

しかし、それでは、脱出速度を確保するほどの十分な需要拡大は見込めないのだ。だからこそ、経済学を知り尽くし、政府の財政政策以外のあらゆる政策について知悉《ちしつ》しているはずのクルーグマンもスティグリッツも、財政政策の必要性を強く主張したのだ。

そもそも、現在のデフレギャップは、10兆円や20兆円を越える規模だ。これだけの巨大なカネを、数年間にわたって支出し続けることができる民間主体など、あり得ない。国内最高

＊19 "..... I would like it（注：inflation rate の意）to be above 2……. you need to achieve that. Compare with that goal what the budget balance is over the next two or three years is of much less importance."

の利益をたたき出しているトヨタですら、その最高記録は2兆円強（四半期利益）。その利益を全て日本のためにはき出してもらったとしても、デフレギャップは埋められない。日本国民がどれだけがんばって消費しても無理だ。デフレギャップを埋めるには、日本人全員が数年間にわたって10万円から20万円、毎年毎年、消費や投資を活性化させねばならないのだが、どれだけ上手なプロパガンダを展開したって、そんな事ができるはずもない。

無論、企業努力や日本人の努力によってデフレギャップを一定程度縮小させることはできるだろうが、「数年間埋め続ける」事なんて、できるはずもないのである。

それ以外にも、昨今では「金融政策」――いわゆる、アベノミクスの第一の矢――を展開すれば、デフレギャップが埋められる、という事も一部識者が主張していたのだが、それも不可能だ。

例えば、スティグリッツは、その資料の中で「深刻な停滞時において、金融政策が極めて有効だったことはこれまでにない。唯一の効果的な手段は財政政策」と明言しているし、クルーグマンも「金融政策には限界がある。非伝統的な方法をとったとしても……効果は限られている」と、同じく金融政策の限界を指摘している。

あるいは、「構造改革」が、成長戦略――いわゆるアベノミクス第三の矢――の中で重要であると議論されることもしばしばだが、構造改革だけで「脱出速度」を確保するような数十兆円規模の需要喚起策を数年間継続させることは、現実的に考えて不可能だ。例えばクルーグマンは次のように論じている。

「構造改革は多くの場合『需要拡大』という最も大切な問題からは随分と的外れな対策に過ぎないようです。ある種の構造改革は確かに民間投資を刺激することもあるとは思いますし、それは大変結構なことですが、多くの場合、そこに重点があるわけではないのです[*20]」

では、「構造改革」には一体、需要拡大以外にどのような目的がある事が多いのかと言えば、「供給の拡大」である。そしてそうなれば、デフレギャップを拡大し、かえって、デフレが悪化し、GDPが縮小していく、という最悪の事態を促しかねないものとなる。

例えば、スティグリッツはまさにこの点について、次のように警告している。

「適切な需要なしにはサプライサイドの改革は失業を増加させ……需要を弱めGDPを低下させ得る」

＊20　"…structural reform seems largely beside the point on this crucial issue of boosting demand. Some kind of structural reform might spur private investment, which is good but that is rarely what is emphasized."

デフレギャップを埋めるのに、金融政策もダメ、構造改革もダメ、となれば後考えられるのは、「外国」の力である。つまり、輸出の拡大や海外観光客（インバウンド）頼みの需要拡大である。

しかし、これもまた、デフレギャップを埋めるには小さすぎるものだ。

例えば、昨今では中国人観光客による「爆買」がもてはやされているが、その水準は、年間でわずか1・5兆円。これではあと10倍くらいの非現実的な水準にでもならなければデフレギャップを埋めることはできない。

あるいはそれ以前に、輸出やインバウンドの総量決定権は、「日本人側」にあるのではなく、「外国人側」にある。だから、どれだけ努力をしても、デフレギャップを埋めるための需要を、ちょうど良い案配にコントロールすることなど不可能だ。折しも、リーマンショック以降、世界中の景気が冷え込み、世界中の主要国家が「日本化」、つまりデフレ化している状況だ。例えばクルーグマンは次のように指摘している。

「世界の主要先進国経済の〝日本化〟は、極めて深刻なものです[*21]」

このような状況で、デフレ脱却を果たせる程の、10兆円、20兆円規模の外需の爆発的拡大を期待することはそもそも無理だと判断せざるを得ない。２０１５年に勃発した上海ショックに端を発する中国経済の停滞は、中国の爆買がいつまでも続くものじゃない、と認識しておく必要性を示唆していると言えよう。

Let's Get Fiscal ——財政で行こう！

いずれにせよ、日本には10兆円、20兆円規模の需要不足があるにもかかわらず、金融政策や構造改革、外需拡大には、それを埋めるだけの力はないのが実情だ。だから、それらの諸施策を組み合わせて需要拡大をサポートしていくことの重要性はあるとしても、政府による財政政策を根幹としたデフレ対策なくして「脱出速度」を確保することは不可能だと言わざるを得ない状況にある。

クルーグマンはこういう状況に至っている事を、世界経済がリーマンショックに直撃された2008年に深く理解していた。だから彼は、ニューヨークタイムズ紙のコラム[*22]で、次のように高らかに叫んだのである。

＊21 the Japanification of other major economies...is, quite significant.
＊22 Paul Krugman: Let's Get Fiscal, The New York Times, OCT. 16, 2008.

「Let's Get Fiscal」
～財政で行こう！

あるいは、スティグリッツもまた、今回の官邸での会合で、次のように強く主張したのだ。

「the only effective instrument is fiscal policy」
～唯一の効果的な手法は、財政政策なのだ～

——以上、いかがだろうか。

この章ではまず、クルーグマン、スティグリッツが首相官邸で行った政策提言を解説するというかたちで、デフレを終わらせるには、財政政策以外の妙案などない——という事を述べた。筆者は、クルーグマンやスティグリッツらが導いたこの結論に強く賛同する他ない、と感じている。というより彼らと同様の主張を長い間主張し続けてきた筆者の耳には、官邸の会議室で響き渡るその一言一言が、まるで我が意を代弁する言葉であるかのように感じた。すなわち、現状を冷静に分析しながら、理論的に考えれば、どこをどう考えても、そして誰がどう考えても、もうこれ以外の方法は我々には残されていないのである。*23

とは言え、「いや」「でも」「やっぱり」——という言葉が頭をかすめる読者も少なからずおられるのではないかと思う。例えば、次のようなセリフが頭から離れず、クルーグマンやスティグリッツの提言に、なかなか納得できない、という読者もおられるのではないかと思う。


「1000兆円の借金があるんだから、もう財政政策なんて出来ない」

「少子高齢化の日本に、デフレ脱却なんて出来ない」

「財政政策の効果（乗数効果）は、今はもうほとんどない！」

「成長できないのは、改革が足りないからだ！」

「成熟社会の日本が成長するには、もう外にうって出るしかない！」


――確かにこれらのフレーズはいずれもマスコミ等でよく耳にするものかもしれない。ただし、これらがどれか一つでも正しければ、スティグリッツもクルーグマンも、共に間違えた愚かな結論を導いたと判断せざるを得なくなる。

＊23　どうか誰でもいいので、当方（ならびに、スティグリッツとクルーグマン）のこの主張に対して、当方が反論できないくらいの反論をしてくださる方に巡り会いたい――と筆者は素直に思っている。なぜなら、次章で論ずるように、社会心理学的な理由から、財政政策をこの国で断行していくのは、相当に骨の折れる作業だからである。

しかし、幸か不幸か、これら日本国内で散見されるフレーズはいずれも、間違いなのだ。すなわちそれらは、**「デマの類い」**と言っても過言でないモノばかりなのである。したがって、スティグリッツ、クルーグマンの主張はやはり、正しいとしか言いようがないのである。

というより（次の章で論ずるように）、**「デマ」がはびこり、結果として財政政策が出来なくなる——という現象もまた、デフレが導く一つの社会心理的現象の一つ**なのだ。

すなわちこうしたデマの威力を払拭し、我々が抱いている勘違いを一つひとつ矯正していかない限り、我々はスティグリッツやクルーグマンが主張したデフレ脱却の処方箋を実行していくことは、残念ながら出来なくなってしまうのである。そしてそれは残念ながら、我々はデフレから脱却出来ず、世界中が少しずつ豊かになっていく中で、**我々だけが貧しい国家へと凋落していく事を直接意味している。**

ついては次章では、デフレによって、我々の思想がいかにゆがめられ、デマがはびこり、結果としてデフレから脱却出来なくなってしまっているのか——という様子を描写しつつ、経済政策について我々が抱いている「勘違い」を一つひとつ、解きほぐしていきたいと思う。

第2章

「デフレ」は社会心理現象でもある

――緊縮・競争主義がデフレ脱却を阻む

デフレは経済や社会だけでなく、人々の「こころ」もデフレ化させてしまう

第1章では、デフレという現象を「経済」や「産業」「社会」等の視点から論じたが、残念ながら「デフレという病理現象」はそうした目に見える諸現象のみに影響をもたらすのではない。それは、目に見ることの出来ない、私たちの「こころ」をも蝕み、私たちの思想を歪め、間違ったデマを信じ込ませてしまう、という悪影響をもたらすものでもある。

しばしば、デフレ化した精神は「デフレ・マインド」と言われる。それは、お金が儲かっても貯金ばかりしてなかなか投資や消費をしない意識、という意味で使われることが多い。いわば「守銭奴」「ケチ」ということであるが、これが、デフレ脱却を阻んでいる、ということがしばしば指摘される。これは確かに真実である。しかし、「デフレ・マインド」の本質はこの「ケチ」という精神構造だけではない。

デフレ経済が継続する中で、人々の間で横行する思想は、次の二つである。

「競争」主義と「緊縮」主義である。

この前者の「競争至上主義」とは、とにかく競争することが「良いこと」、競争しないことが「悪いこと」と考える考え方だ。したがって必然的に、規制緩和や民営化は「良いこと」と見なされると同時に、規制強化やルールの厳罰化、政府事業は「悪いこと」と見なさ

れる。

一方で、「緊縮」主義とは、とにかく支出を切り詰め、借金を減らしていくことが「正しい」と考える一方、支出を拡大し、借金を増やしていくことが「悪いこと」だと考える思想だ。つまり、「緊縮」主義の一つのかたちとして、しばしば言われる「デフレ・マインド」という精神状態がある、という次第である。

ではなぜ、人々の精神がこうした「競争」主義と「緊縮」主義にはまってしまうのか――本章ではまず、この点を論ずるところから始めることとしよう。

デフレ社会では、「競争は良いこと」と見なす「競争」主義が横行していく

需要不足のデフレ経済下では、各企業が過当競争をせざるを得ない状況に追い込まれている。だから、彼らは致し方なく、毎日「競争」を繰り返している。
最も古典的な社会心理学が我々に教えているのは、人間というものは、毎日やっていることが「正しいことだ」と思い込んでいく性質を持っているという、心理的事実だ。[*24]
だから、競争を余儀なくされる競争デフレ社会では、競争至上主義がはびこりやすいのだ。
そしてどんな経済主体でも、「自分より弱い主体」というものがある。したがって、どん

な経済主体でも、競争から何らかの利益を得ている。無論、より弱い経済主体は、「敗北」する経験も多く持っているはずであるが、自由競争が激化していけば、どこの市場にも参加することが容易になっていく。だから弱い経済主体は、より弱い経済主体を探して浮遊していき、どこかで彼らが見つけたより弱い経済主体から利益を得ているのだ。

かくして過当競争社会では、おおよその主体が多かれ少なかれ何らかの利益を「競争」から得ている、つまり「競争で美味しい目」を見ているのであり、それがさらに競争至上主義を強化してしまう。

さらにはそういう「競争」で成功し、利益を得た人々は自らの成功を声高に喧伝し、あまり利益を得られなかった人々に「うらやましがられ」「賞賛」されるようになる（大金を手にした若手実業家が、どれだけ汚い金儲けをしようが犯罪者として捕まろうが、TVでしつこく人気タレントのように振る舞いつづけるという現象は、こうして生まれる）。これもまた、競争至上主義を強化する。

一方でもしもデフレがなく、過当競争が生じていなければ、こうした社会心理現象はあらかた鳴りを潜める。インフレ社会では「競争」は最小化され、代わりに人々が助け合う「協力」関係が至るところで繰り返されるようになるからだ。結果、「毎日繰り返すことが正しいことだ」と考えるあの心的メカニズムを通して、人々は協力することは良いことだと考えるようになる。こうして「インフレ」状況下では、協力的な人物が賞賛され、何もかもをかすめ取ろうとする小賢しい姑息な人々が人気をなくす土壌ができあがっていく。実際、デフレに陥るまでの日本では、協力的な人物こそがテレビでも政治でも人気を博していた。例えば、西郷隆盛はその典型だ。しかし今となっては競争に勝ち抜いた織田信長の方が圧倒的に人気が高くなってしまった。西郷はインフレ時代、信長はデフレ時代のヒーローなのだ。

いずれにせよ、デフレが20年も継続している日本のような国では、人々はほとんど協力しなくなり、競争ばかりするようになり、その結果必然的に「競争」主義がはびこっていくことになるのは、心理学的に言って必然的な現象なのである。

そして、そうした「競争」主義に支配された世論に後押しされ実現されていったのが、様々な「構造改革」や「民営化」であった。小泉純一郎元首相の小泉フィーバーは「構造改革」と「郵政民営化」を叫び続けたことで巻き起こったものだし、大阪を席巻した橋下徹氏の維新旋風は、「統治機構を抜本改革する大阪都構想」を叫ぶことで強烈なものへと成長していったのだが、それらはいずれも、「競争」主義が敷衍した世論にポピュリストとして働きかける事で、世論の圧倒的支持を得るというものだったのである。

＊24　こうした現象を説明する典型的な理論は、フェスティンガー（1953）の「認知的不協和理論」だ。

デフレ社会では、「ケチは美徳」と考える「緊縮」主義が横行していく

一方、デフレ下で過当競争が横行し、誰もが収入を減らしてしまう状況では人々は皆、「質素倹約」を旨とするようになっていく。

質素倹約といえば聞こえは良いが、別の言い方をすればただ単に「ケチ」ということだ。つまりデフレ下では、人々は皆「ケチケチ」するようになっていく。そうでなければ過当競争を勝ち残れないからだ。というよりそもそも収入が少なくなっているのだから、皆、「ケチケチ」せざるを得ない。

結果として人々は当然、手にしたカネを可能な限り「貯金」に回し、出費は可能な限り縮減しようとしていくことになる。一方で、「借金」してまで何かを買おうとは一切しなくなっていく。これが企業の「内部留保」を拡大させ、人々の「消費性向」を減退させ、国全体の「需要を縮減」させる、という点は先に指摘した通りだが、とにかく人々はそういう風に振る舞っていく。

そして、先にも指摘したように、人々は自分が毎日やっていることを「良きこと」と見なし、そうでないことを「ワルイこと」と見なすようになる、という強力な心理学的傾向を持っている。

だからデフレ下では、出来るだけカネを使わずカネをためる「ケチ」な振る舞いを「良きこと」と見なし、たくさん借金をしてたくさんカネを使っていく振る舞いを「ワルイこと」と見なすようになっていく。

こうしたケチを善と見なす考え方を「緊縮」主義と呼ぶのであって、この「緊縮」主義がデフレ下では必然的に至る所に広まっていくのである。一方で、この「緊縮」主義の反対側に位置する美意識、すなわち「消費は美徳」という価値観や「剛毅」「気前の良さ」は、すこぶる人気がなくなっていくことになる。もちろん、それらの美徳は「バブル時代」や「高度成長期時代」には褒めそやされていたのだが——。

「緊縮」主義の横行が、「財政政策」批判世論を醸成し「緊縮」財政が実現していく

さて、こうしてデフレ下では緊縮・競争主義が世論を席巻していくようになるのだが、「民主主義」の現代日本では、これが日本の政策決定に対して決定的に重要な影響を及ぼすようになっていく。

「緊縮」主義は、日本政府の借金問題をことさら重大視させ、政府支出を削れ削れという世論形成に繋がっていく。結果として、「政府の無駄を削れ」という政治的スローガンの力が

圧倒的なものとなっていく。

この背景の中で生まれてきたのが、民主党政権下で特に激しく行われた「事業仕分け」という発想だ。素人紛いの人物が様々な専門領域のプロ集団を呼びつけて小一時間質疑した上で、様々な政府支出を「無駄」の一言で片付けてカットしていく——その様子を目にして違和感を感じた方もおられると思うが、多くの国民は喝采を送ったのだ。そもそも多くの国民は、自身がデフレの過当競争の中で、様々な事業を「仕分け」て、泣く泣く支出カットを続けてきたのだから、政府もそうすべきだ、と考えたとしても半ば致し方ないわけだ。無論、その「べき論」は、純粋な倫理観というよりも「溜飲を下げる」というルサンチマン（弱者の怨恨）の心情が混入しているのは間違いないとしても、その事業仕分けを正当化したのは明らかに「緊縮」主義という道徳観念なのである。[*25]

ただし、この事業仕分けだけが「緊縮」主義の例なのではない。

あらゆる政党の実に多くの政治家達が「政府の無駄」なるものを削ることを公衆の面前で公約し続けているが、これもまた「緊縮」主義に基づくものだ。そしてポピュリズムが幅をきかせる今日、多くの政党や政治家がそうなってしまうのも必然的なのだ。政権交代選挙で勝利した民主党のみならず、「小泉フィーバー」の小泉純一郎元首相も、「二重行政」の問題をことさら問題視しつつ維新旋風を巻き起こした橋下徹元大阪市長も、「政府の無駄」こそが諸悪の根源であるかのように主張し続け、選挙に勝ち、その主張通りに徹底的な財政切り詰めを行っていったのである。

例えば、デフレ不況のまっただ中で消費税が増税されてしまったのも、デフレ下の「緊縮的な世論」の動向を踏まえれば「必然」だったと解釈する事もできよう。さらにはこれだけ中国の脅威、北朝鮮の脅威が高まった現状でも、防衛費が一向に増えないことも、あらゆる科学者が首都直下地震や南海トラフ地震の脅威がどれほどに恐ろしいものなのかを警告し続けても、防災関係費が一挙に増加するようなことがないことも、あるいは、待機児童の問題や介護問題がどれだけ強く叫ばれてもそれら業界の賃金を抜本的に上げる対策を政府がとりずらいのも――全て、デフレ下の庶民心理を踏まえれば半ば必然だと考えることができるのである。

一方で政府が財政政策を展開しようとすれば、メディア上では瞬く間に「ばらまきだ!」という批判が展開され、「これ以上政府の借金は増やせない!」「政府が破綻する!」というヒステリックな反応が巻き起こることとなる。そして、多くの国民はそうした報道や評論を耳にして「そうだそうだ」と納得してしまう。

こうして、デフレ下では「緊縮」主義が世論の中で横行し、その結果、デフレ脱却のために絶対的に求められる「財政」政策が展開できず、デフレが放置されることになる。という

＊25 もとより、大衆道徳の多くは、単なる弱者の怨恨としてのルサンチマンによって形成されている、と指摘したのはフリードリッヒ・ニーチェである。

よりもむしろ、デフレ下では絶対にやってはいけない増税や財出カットといった「緊縮」的政策が繰り返されていく。そしてその結果、デフレが悪化し、そしてあろう事か誠に愚かな事にその帰結として「累積債務」（借金）がますます増えていくのである。つまり、財政をよくするためだったはずの「緊縮」のせいで、さらに財政が悪化していくわけである。

しかも、「競争」主義の「構造改革」がますますデフレを悪化させているという実情もある。先に引用したスティグリッツ教授の言葉を、ここでもう一度引用しておきたいと思う。

「適切な需要なしにはサプライサイドの改革は失業を増加させ……需要を弱めGDPを低下させ得る」

彼が主張する「サプライサイドの改革」というものは、要するに様々な産業（＝サプライサイド）の規制を緩和し、弱肉強食の競争を激化させ、あらゆる企業でリストラ（解雇）を奨励し、生産性の低い中小企業を退出させ（＝倒産させ）、生産性の高い大企業のシェアを拡大させていく——という、わが国が小泉改革を含めて、過去20年間やり続けてきた改革だ。これらの解雇や倒産は言うまでもなく、国内の需要を弱め、ＧＤＰを低下させていくのは、当然の帰結だ。スティグリッツ教授は、その当たり前の帰結を指摘しているに過ぎないのである。

バブル崩壊以後、デフレに陥った日本を指して「失われた20年」という言い方がされているが、それは「失われた」のではなく「自ら進んで捨て去った」と言った方が正しい。すなわちそれは**「捨て去った20年」**なのである。

「愚か極まりない近代国家」――これが現代日本の真実の姿なのだが、デフレというものは人々の心情や判断を愚か極まりないものへと変質させてしまうものなのである。繰り返すが、**「貧すれば鈍す」**は真理なのである。

デフレ下では、競争と緊縮が一体的に進められていく

ところで、橋下氏や小泉氏のような現代のポピュリスト達は、デフレ下で人々の心理に徹底的に染みこんでしまっている「緊縮」主義と「競争」主義に徹底的に働きかけ、それらを現実の政治で実現し続けていこうとするのだが、それらの両主義は実に親和性が高いものであり、それ故に、「一体的」に実現されていくことになる。

そもそも、「政府の無駄をなくす」という「緊縮」のためには、先に述べた「競争」主義を背景とした様々な抜本的な構造改革や民営化を進めていくことが得策だ。つまり、「緊縮」主義者は、必然的に競争を求める。一方、「競争」主義の「民営化」を進めていくためにも、様々な政府事業を仕分けていく（つまり政府を〝筋肉質〟に改変していく）「構造改革」を断行

していくためにも、「政府の負担を軽くしていくべきだ」という「緊縮」主義は、実に都合の良い口実となる。すなわち、先ほどとは逆に、「競争」主義者は、必然的に「緊縮」を求めるに至るのだ。

つまり、緊縮は競争を求め、競争は緊縮を求めるのであり、その「相思相愛」の結果として、両者が一体的に実現していくことになるのである。

だから小泉政権では実に様々な構造改革や民営化、公共投資の大幅カットが一体的に進められていったのであり、民主党政権では緊縮路線と競争路線を同時に実現する「事業仕分け」が徹底的に進められたのである。そして橋下維新は抜本的な構造改革である「大阪都構想」なるものを通して、「二重行政の解消で無駄をなくす」と同時に「地下鉄や水道などを民営化していく」という、緊縮的かつ競争的な政策を主張し続けたのである。

小泉改革や民主党改革、橋下維新というポピュリズム現象はいずれも、「デフレ」の鬼っ子であり[*26]、バブル崩壊によってもたらされた「需要不足」状況がもたらす必然的な社会的政治現象だったのである。

デフレ下では、「企画部局」が凋落し、「財務部門」が力をつけていく

インフレとは「投資」が旺盛に行われる時代であり、デフレとは「緊縮」が徹底的に進められていく時代である。

したがって、政府内の権力構造もそれに応じてドラスティックに変わっていく。

インフレ時代には、「投資」を進める部局が力を持ち、デフレ時代には「緊縮」を進める部局が力を持つ。

投資を進める部局とは、文字通り「建設省」「国土交通省」をはじめとした建設部局、あるいは、企画部局・計画部局である。そして、緊縮を進める部局は、「財務省」をはじめとした財務部局である。

実際、高度成長期からバブル期を経て98年のデフレに突入するまでの時代、建設省は大きな影響力を政府内で保持し続けていた。そして、東海道新幹線や東名・名神高速道路や三大都市圏をはじめとした全国各地の様々な都市開発、ウォーターフロント開発を行い、日本経済の成長を支え続けた。そうした投資や建設に対する国民的熱意は田中角栄の列島改造論に

＊26　一見すれば、親には似てはいないが、実際は、本当の子供、の意。

象徴されてはいるが、田中角栄以前もそれ以後も、その熱意は一貫して存在し続けていた。

しかし、90年のバブル崩壊を経て98年にインフレ時代が完全に終焉、デフレ時代に突入して以降、国民の建設や投資に対する熱意は急速に冷え込み、それを背景として建設省、国交省は政府内でその影響力を圧倒的に弱体化させていった。

結果、圧倒的な力を掌握するに至ったのが、大蔵省・財務省であった。

もとより、全ての予算を管轄する大蔵省・財務省は、明治期から極めて強い影響力を持つ官庁であったことは間違いない。とはいえそれでもなお、建設省・国交省をはじめとしたそれ以外の省庁にも、インフレ時代には勢いがあり、必ずしも大蔵省・財務省の一人勝ちという状況ではなかった。

しかし、デフレ下で「緊縮」主義が世論を席巻し、「建設」を中心とした「投資」「企画」「計画」部局の権力は世論から激しい批判に晒されるようになり、相対的な影響力を低下させていった。

そもそもこうした現象は、一般的なあらゆる企業で生じた現象だ。

「財務部局」というのは、シンプルに言うなら単なる「金庫番」のようなものだ。

「企画部局」から言われてカネを出し、「企画部局」が外で稼いで儲けたカネを受け取ってまた金庫に入れる――それがその仕事の本質だ。仕事のアイディアを考えたり稼いだりすることは彼らの専門ではない（無論、そうすることも可能だが、それはあくまでも仕事の中心ではない)。

インフレの時代なら、企画部が100万円欲しいと言えば100万円貸し出せば、企画部は外で儲けてきて、そのうち120万円なり150万円なりを持って帰ってくる。だから、インフレの時代には、財務部は特に何も考えずとも、企画部の言いなりになってカネを出せと言われればカネを出す事に抵抗感はなくなっていく。

ところがデフレになれば、金庫番が100万円渡しても、企画部は数十万円しか持って帰ってこない。こうなったとき、金庫番がいきなり大きな「力」を持つことになる。「そのお金はホントに必要なのか?」「それは無駄じゃないのか?」と、逐一企画部の活動を「査定」するようになる。そして、金庫番に認められない事業が「仕分け」られていく。結果、相対的に財務部は力を拡大し、企画部は力を失っていくのである。

財務省、国交省、経産省を巡るデフレ・スパイラル

これと全く同じ事が、国家においても生ずるのであり、結果としてデフレ時代に大蔵省・財務省が絶大な権力を掌握するのも必然だ。かの民主党政権の「事業仕分け」は、デフレ時代に起こるべくして起こったイベントだったわけである。

しばしば、財務省の権限が強く、そのためにクルーグマンやスティグリッツが主張するデ

フレを終わらせる財政政策が出来ず、その結果としてデフレとなっている——と論じられることがある。

これはもちろん、一面の真実ではあるのだが、実はその財務省の権限強化の根本的原因は、デフレだったのである。

だから、より正確に言うのなら、**デフレが財務省の強大化を導き、財務省の強大化がデフレを強化させる——という悪夢のようなデフレ・スパイラルが進行しているのが、今日のわが国の姿なのである。**

一方で、デフレ下では企画部門が弱体化されるという点に着目するなら、現在の政府においては、デフレ下では国交省が弱体化することとなる。

そして、国交省が弱体化すれば国内で投資が進まず、さらにデフレギャップが拡大、その結果、デフレがさらに悪化していく、ということになる。

つまり財務省のみならず、**「国交省の弱体化がデフレを悪化させ、デフレが悪化すればますます国交省が弱体化していく」という国交省を巡るデフレ・スパイラルもまた回っていくのである。**

以上は、デフレ下で深刻化する「緊縮」主義を巡る政府におけるデフレ・スパイラルであったが、もう一方の「改革」主義を巡っても、政府におけるデフレ・スパイラルが回っていく。

その舞台は、経済産業省（経産省）だ。

経産省は、様々な経済や産業の「改革」を所管する省庁だ。だから、必然的に経産省では、デフレが深刻化すればするほどに、その「改革」的政策を加速化させていく。

そもそも経産省には、エネルギー政策や中小企業支援、そして、産業育成や産業強化などの様々な所管があり、かならずしも「改革」を行うことだけが唯一の仕事ではない。ところが、デフレ下では、非改革的業務が徐々に縮小される一方、改革的業務が拡大していくことになる。

そして、改革的業務が拡大し、改革が進行すればするほどに、スティグリッツが強調したように競争が激化し、その結果としてデフレは悪化していく。だから、経産省においては、「デフレ化することで、改革的業務が拡大していく一方、改革的業務が拡大し、改革が加速すればするほどにデフレもまた加速していく」という、循環現象が生ずることとなる。つまり、経産省を巡ってもまた、改革の強化を通したデフレ・スパイラルが進行していくことになるのである。

「緊縮」主義における、三つの大きなウソ

このように、今日、世論が大いに支持している「緊縮」や「改革」といった思想はいずれ

も、デフレによって生ずる「社会心理」現象であるに過ぎないのだが、民主主義の社会ではそれが、財務省の強大化と国交省の弱体化、経産省における改革行政支配といった形で、リアルな政治権力構造を規定するほどの力を持つに至る。そしてそれが、クルーグマンやスティグリッツが主張する正しい経済政策、すなわち、デフレからの「脱出速度」を保証する程に十分な規模の「財政政策」の展開を阻み、デフレがさらに長期化し、悪化していく、という最悪の事態をもたらしているのである。

単なる心理や思い込みがそれほどに強大な影響力を持つ事なんてあり得るのだろうか……と、お感じになる読者もおられるかもしれない。しかし、そういう事が平気で起こってしまうのが、現代民主主義の社会だ。

例えば、次の三つの意見について、皆様はいかがお感じになるだろうか？

日本破綻論　「日本の借金は増え続けており、今やＧＤＰの2倍の水準に達している。国民一人当たりの借金は、数百万円の水準にも達している。そのうち日本も、ギリシャのように、あるいは、夕張のように破綻してしまう恐れもある。それを避けるためにも、積極財政がどれだけ必要でも、やらない方が国のためなのだ」

プライマリー・バランス論　「日本の借金はＧＤＰの2倍も超えてしまうくらいに大変な

水準で、これは先進国の中でも最悪の状態だ。だからこれ以上、野放図に借金が増えることを避けるためにも、財政運営の規律はとても大切だ。だから、政府の歳入と歳出の差である〝プライマリー・バランス〟の赤字をできるだけ小さくしていき、最終的に、黒字に持っていかないと、とんでもないことになる」

公共事業不要論　「そもそも日本の借金が増えたのは、無駄な箱物を作り続けた〝公共事業〟が大きな原因だ。そもそも成熟社会となった日本にそんな箱物なんてほとんど要らないし、借金だらけの日本にそんな余裕はない。だから公共事業はできるだけ減らしていくのが大切だ」

筆者がこれまで出版してきた書籍等をご覧になった方々は、これらの三つの議論は全て、正当化しがたいものである事をよくご存じだと思うが、それ以外の読者は、これらはいずれもそれなりに正しいのではないか、とお感じではないかと思う。しかし繰り返すが、これら三つの議論はいずれも、正当化しがたいものばかりである。端的に言うなら、それらはいずれも、**「ウソ」**にしか過ぎぬものだ。

ところがそれにもかかわらず、これら三つがいずれも世論の支持を得て、多くの人が頭から信じ込んでしまっている。だからこそ、わが国ではデフレであるにもかかわらず「消費増税」が断行され、デフレであるにもかかわらず、そのための唯一の処方箋である財政政策が不能となり、デフレが長期化し、悪化し続けてきたのである。そして、長期的な経済成長のためには是が非でも求められるインフラが形成されず、日本の成長力は、世界の中で低迷し続けている。

つまり、わが国のような民主政治の国では、それがどれほど間違った思想であっても、国民がそれを深く信じ込めば、間違った政策が粛々と遂行され、国全体が没落し続けてしまう、ということが平気で起こってしまうのである。

だから、この国のデフレを終わらせるために、今最も求められているのは、デフレによってゆがめられてしまった一人ひとりの国民の誤った認識の一つひとつを、解きほぐしていくことなのである。

人間は、「緊縮」主義を信じ込めば、それと調和する話はウソでも信じ込む

そして、そのためにも、なぜ、我々がそんな「誤ったウソ話を信じ込むようになったのか」という理由も併せて認識しておくことも重要だ。

それは本章で様々な角度から解説してきたように、日本が今デフレだからである。

繰り返すが、デフレになれば、その社会では「緊縮」主義が社会に浸透する。そしてその結果として、先にあげた三つのウソ話のような「緊縮」主義に沿ったストーリーを持つ者は、たとえそれがウソ話であっても頭から信じ込んでしまうのである。

人間というものは、何か一つの話を刷り込まれてしまうと、その思い込みにそって、全ての物事を理解しようとしてしまう存在だ。だから、緊縮主義を信じ込めば、それと調和する話ならどんなものでも信じ込んでしまうのである。それがたとえウソ話に過ぎなかったとしても——。

これこそ、先の三つのウソ話が、これほどまでに社会に浸透してしまっている最大の根拠だ。

それでは以下、この三つのウソ話の一つひとつについて、詳しく解説していくこととしよう。

第3章

「日本破綻論」という完全なる虚構

「日本破綻論」というウソ話

先の示した三つの話が、如何に「ウソ話」に過ぎぬのか——この点を、客観的、かつ、理性的な根拠を示しつつ、一つずつ明らかに論じていこう。

まず、多くの国民が頭から信じ込んでしまっている「日本破綻論」であるが、数ある事実誤認の中でも、日本の国益の多寡に最も強い影響力を及ぼしているのがこれだ。あらためてその概要をここに再掲してみよう。

「日本の借金は増え続けており、今やGDPの2倍の水準に達している。国民一人当たりの借金は、数百万円の水準にも達している。そのうち日本も、ギリシャのように、あるいは、夕張のように破綻してしまう恐れもある。それを避けるためにも、積極財政がどれだけ必要でも、やらない方が国のためなのだ」

このうち、最も象徴的なのが、「日本もギリシャのようになってしまう」という下りである。ギリシャといえば、政府が大量の借金をしたが、返せなくなってしまい、事実上破綻してしまった国、である。だから、日本もGDP（つまり毎年の稼ぎ）の2倍もの水準の借金を抱えているのだから、ギリシャみたいになったとしても不思議ではない、と考える人が、少なくない。

しかし、これについては、例えばクルーグマンは、かの官邸の会合で次のように、強い皮肉と共に、「あり得るはずがないじゃないか」と指摘している。

「もし、『日本もギリシャのようになる』と言う人がいたとしたら、その人には、そんな事が起こるなら、どうやって起こるのか、問い詰めてみればいい。どうせ答えられないに決まってる。そんなこと、起こりようがないのだから。……とにかく、そんなことは何も心配するような事じゃないんだ[*27]」

これはつまり、クルーグマンは「日本破綻論」を頭から否定しているわけであり、そんなものは単なる「ウソ話」にしか過ぎないじゃないかと切って捨てているわけである。

ではなぜ、そこまで彼は強く否定したのか。その理由について、彼は次のように語っている。

「安定した先進国が自国通貨で借入をしたならば、財政危機に至るまでは非常に長い道のり

*27 "If someone says Japan would be like Greece, tell me how that happens..…… I do not think that is a thing to be worried about."

がある」[28]

「日本は自国の通貨を持っている。だから、最悪の事態が起こっても、円が安くなるだけだ。しかもそれは、日本にとってとても良いことですらある。だから心配なんてしなくていいんだ」[29]

このクルーグマンの説明を聞いて、「なるほど、そうか」と理解できる方は、相当に経済を深く理解していると言っていいだろう。逆に言うなら、ほとんどの人は、この説明を耳にしても、ピンと来ないのではないかと思う。

ついてはしばらく紙面を使って、クルーグマンのこの説明の意味を、解説しようと思う。

「政府が、自国の通貨で、カネを借りる」なら、政府は破綻しない

例えば私が100万円を借りたとしよう。そして、その返済期限が来たときに、100万円が手元になかったとしよう。しかも、誰も私にカネを貸してくれる人がいなかったとしよう。

その時私は、「借りたカネを返せません、ごめんなさい」と頭を下げる以外、何もできなくなってしまう。

これが「破産」と呼ばれるものだ。厳密には「債務不履行」あるいは「デフォルト」に陥ってしまうということだ。

これは、私だけでなく、一般の企業においても当然成り立つし、「政府」においても成り立つ。

その典型例が、「ギリシャ」なわけだ。

わが国の例で言うなら、「夕張」もそういう状況に陥った。

だから、多くの人は、「日本もまた、そういう破産、デフォルトになってしまうのではないか」と考えている。

しかし、クルーグマンはそれに決然と「No、あり得ない」と言っているわけだ。

その理由が何かと言えば、「日本が借りているのは、自分の国の中央銀行（日本銀行）が発行している〝円〟だからだ」というものだ。

以上の例で私がなぜ破産したのか、思い起こして欲しい。

カネを返さないといけない日に、どうやっても、そのカネを用立てることができなくなっ

＊28 "stable advanced nations that borrow in their own currencies have a very long road for them to have a fiscal crisis."

＊29 "You have your own currency. The worst that could happen would be that the yen would depreciate which would be a good thing from your point of view. I do not think that is a thing to be worried about."

てしまったからだ。

しかし、日本政府の場合、そういう事は起こりえない。

なぜなら、日本銀行は日本政府の、いわば「子会社」であり、そしてその日本銀行が日本円を好きなだけ発行する事ができるからだ（！）。

そんな馬鹿な——とお感じになるかも知れない。そんな事、あり得るはずがないじゃないか、と思うかも知れない。

しかし、それが現実だ。実際、少なくとも筆者が知る限り、「自国通貨建てでカネを借りた政府が、それが返せなくなって破綻した例」というものは存在しない。

逆に言うなら、ギリシャが破綻したのは、彼らが借りていたのは「ユーロ」という、彼らが発行する権限を持たない通貨だったからだ。夕張も同様で、彼らは地方自治体なのだから、円を発行する権限を持っているはずはない。だから彼らは破綻してしまうのだ。

ところが、日本国政府の場合は、誰もカネを貸してくれなくても、最後の最後に「日本銀行」からカネを借りることができる。だから、借金が返せなくなるということは現実的に言ってあり得ないのだ。

しばしば、日銀のような中央銀行の存在は**「最後の貸し手」**と言われる。そしてその有無が、政府の破綻リスクを決定付けているという事が、経済政策の常識として、広く知られている。そして日本政府が、円でカネを借りている限り、日銀という最後の貸し手が、最後の最後で対応する可能性が残され続けるのである。だから、クルーグマンは、日本が破綻するなんてことはあり得ないと、あそこまで強烈に断定してみせたのである。

「自国通貨建ての借金」の意味を知るノーベル経済学賞受賞者と、それを理解しようとしない東京大学経済学部教授

ところで、このウソ話にしか過ぎない「日本破綻論」は、実に多くの人々に信じ込まれてしまっている。

一般の方々は言うに及ばず、厄介なことに、実に多くの国会議員と政府の役人が、これを当たり前のように信じ込んでしまっているのである。だからこそ、デフレが終わらないのは先に指摘したとおりだが、政治家や役人がこのウソ話を信じ込んでいるのは、まだましな話だ。

一番厄介なのは、「経済学者」がこのウソ話を喧伝し続けることである。

中でもとりわけ厄介なのが、わが国の最高学府である東京大学の、あろうことか経済学部の教授達が、このウソ話を喧伝し続ける、というところにある。

例えば、筆者は、日本経済新聞の紙上討論で、吉川洋東京大学教授（当時・現在は立正大学経済学部教授）と対談したことがある。[*30] その時、記者からの「日本のいまの財政状況をどう

みますか」との質問に対して彼は、次のように回答した。

「たいへん厳しい。国と地方の債務残高は1000兆円を越し、国内総生産（GDP）の2倍を上回る。主要国で突出した水準だ。国は債務だけでなく資産も持っているから大丈夫という議論もあるが、将来の年金給付に備える積立金なども含まれる。実際に売れる資産は限られる。危ない危ないと言いながら日本は財政破綻していないから、財政危機論はオオカミ少年だという人もいる。重病の時に『まだ死んでいないじゃないか。だから大丈夫』と言うのと同じで愚かな議論だ」

これはクルーグマンが徹底的に批判した、典型的な「日本破綻論」の言説そのものだ。当然、筆者はこれに対して、即座に次のように反応した。

「米国のポール・クルーグマン教授が『財政ヒポコンデリー』という言葉を紹介している。病気でもないのに病気だと思って思い悩むという意味だ。金利が極めて低い状況にあるのは、直ちには財政危機にならないという共通認識があるためだ。破綻に備える金融商品、クレジット・デフォルト・スワップ（CDS）も日本国債については全然売れていない。それすら知らずに『大変だ大変だ』と語っている方には、ご退場願いたいと思うくらいだ」

筆者は、討論相手が経済の専門家であり、読者も日経新聞読者であるから、金利やＣＤＳなどの専門用語を使って少々踏み込んだ説明をしても大丈夫だろうということで、それらを用いて解説したのだが、それについてはまた後ほど解説しよう。いずれにせよ、この当方の指摘に対して、吉川東京大学教授は次のように発言した。

「日本の国債は日本人が持っているから大丈夫という議論もある。しかし、株式を考えればわかりやすいが、株主が日本人ならば大丈夫なのか。大切なのはファンダメンタルズ（経済の基礎的条件）で、国債で言えば財政の健全性だ」

筆者はこの反応を目にした時、「目が点」になってしまった。なぜなら吉川東京大学教授のこの反応は、はっきり言って、何の反論にもなっていないからだ。何も分かってない輩には「退場願いたい」とまで厳しい言葉を投げつけたのに、吉川教授こそが、その「退場願いたい」人物であることを自ら立証してしまったようなものだった。

＊30　「財政再建　深まる対立」（日本経済新聞、２０１５年4月5日朝刊）http://www.nikkei.com/article/DGKKZO85253340T00C15A4TY6000/

そもそも筆者は日本人だから大丈夫だとか、ファンダメンタルズがしっかりしているとか、そんな話は何もしていない。金利が低く、CDSが全く人気がない状況なのに、破綻する破綻すると言う者は、ハッキリいって相当な愚か者ではないのか、とまで厳しいツッコミをいれたのだ。そこまでコケにされたのなら、私が吉川教授の立場ならば、CDSが売れていなくても、そして金利が低くても、やはりリスクはこれこれこういう理由で高いのだ――と反論しただろう。そうでなければ、自らが愚か者であるということを認めてしまうことになりかねない。

しかし――彼がやったのは、それを見事にスルーし、何の関係もない話を始める、という振る舞いだった。いわば、話を「はぐらかした」あるいは「ごまかした」と言う他ないわけだが――もうこうなれば致し方ない。筆者は、吉川教授が冒頭で言及した「財政危機」の本質的問題を次のように指摘した。

「借金が深刻かどうかは、借金がどのくらいあるかと一切関係ない。1万円借りるだけで破綻するケースもあれば1兆円でも破綻しないケースもある。重要なのは、きちんと返せるかだ。確かに長期的に財政破綻が起こる懸念はゼロではないが、そのことに過度に引きずられて当面の財政政策を決めるのはいかがなものか（まさに、財政ヒポコンデリーだ）。中長期的な議論と向こう3～5年の議論は分けて考える必要がある」

なお、この発言の時、後ほど別媒体でも公開された通り[*31]、次のような発言もしていたのだが、どういうわけか紙面では削除されてしまった。しかし、この日経誌面では削除された下記の発言は、吉川氏の「財政危機論」「日本破綻論」にとどめを刺す、最も重要な発言だったのであり、クルーグマンが分析会合で主張した論点と、奇しくも完全に一致するものだった。それは以下のような内容だ。

「実際、実質破綻しつつあるギリシャと全然違うのは、通貨発行権のある自国通貨での債務かどうかという点だ。所有者が日本人かどうかという以前に、国債が円建てかどうかということが破綻リスクを考えるにあたって決定的な意味を持つ。実際、自国通貨建て債券で完全破綻した国家は筆者の知る限り存在しない。破綻論者はいつもそれを無視するし、実際、今、吉川先生もその一点を外して、破綻リスクを論じている」

つまり、日本には日銀という「最後の貸し手」がいるのだから、破綻するリスクはほとんどない、と主張したわけだ。

＊31　「財政破綻論者の足掻き」（「世の中おかしな事だらけ　三橋貴明の『マスコミに騙されるな！』」第122回、週刊実話、2015年4月24日）参照。

筆者は、吉川氏のような財政破綻論者である東京大学教授が、この「とどめの一言」について、どのように反応するか、内心ワクワクしていたのだが――残念ながら彼は何一つ、反論しなかった。この「とどめの一撃」に対しても、彼はスルーしたわけだ。

当時、これが東京大学経済学部というものの実態なのか――と心底驚いたのを、今でもよく覚えている。

しかし今から思えば、それも致し方ない、と言えなくもない。

そもそもデフレという現象は、単なる経済現象ではなく誰もが「緊縮」主義に陥る社会心理現象なのであり、それが財務省の権限を止めどなく強大化させてしまう政治社会現象でもある。それ故、この吉川東京大学教授の不条理と言わざるを得ない振る舞いは、そのような社会心理現象の一端であり、政治社会現象における一事象に過ぎないのである。

つまり、政府の審議会の委員を務め、財務省というデフレによって強大化した省庁と共に仕事を繰り返してきた一人のサラリーマンと考えるなら、こうした発言も十分に（彼にとってみれば）合理的なものとして了解できるわけである。さもなければ、知性上の問題となってしまうのだが――それはさすがに東京大学教授という立場の人物においては成立し難いだろう。

「金利」の低さや「CDS」の売れ行きは、「破綻リスクの低さ」を示している

ところで、筆者が、上記の吉川対談の中で論じた金利やCDSという論点だが、これについてもクルーグマンはやはり、官邸の国際分析会合にて同様の指摘を行っている。

「人々は2000年ごろから、『日本国債の空売り』を仕掛けてきました（筆者注：つまり、日本国債が下落すれば儲かる金融商品を購入してきた）。しかしその人たちはみな、ひどい損失を被りました。つまり、国債市場は極めて頑健なのです。『日本国債暴落』というシナリオを想像することは、ほとんど不可能なのです[*32]」

ここで、筆者が吉川氏との対談で論じたCDSというものは、まさに、国債が下落すれば儲かる金融商品だ。だから筆者は、「『今、誰もそんな商品を買っていない』という事実は、『日本国債が暴落するリスクがある』なんて誰も考えちゃいない、という事を意味している。

＊32　"People have been betting against JGBs since about 2000. All of them have suffered financial disaster. The robustness of the market is very strong. It is even hard to tell a story."

ＣＤＳが売れてないという事実は、皆が国債は暴落しないと信じているっていう事だ」と解説した、というわけだ。そしてなぜ、人々がＣＤＳを買わないのかといえば、クルーグマンが言うように、それを買った人たちが皆、大損を重ねてきたという事実があったからというのも大きな理由であろう。

なお、「国債の金利が安い」という事実も、政府が破綻するリスクがほとんどない、ということを意味している。これも少々分かりづらいことなので、簡単に解説しておこう。

もしも、「誰も政府になんてカネを貸したくない」と考えていたとしよう。

そうすると、国債は売れなくなってしまう（念のために申し添えておくが、国債を買う、ということは国にカネを貸すということを意味している）。だから政府は「高い利息をつけるから、どうか貸してください！」と頼むしかなくなってしまう。

一方で、「皆が政府にカネを貸したがっている」という場合は、逆に政府は「利息はたったこれっぽっちしかないけど、それでも貸してくれるよね！」という態度になる。

つまり、皆がカネを貸したがっていないなら金利は自ずと高くなり、逆に皆がカネを貸したがっているなら金利は自動的に安くなるのである。

これを逆に言うなら、金利が高いということは誰もカネを貸したくないという市場状況があり、金利が安いということは皆がカネを貸したがっているという市場状況がある、ということを意味している。

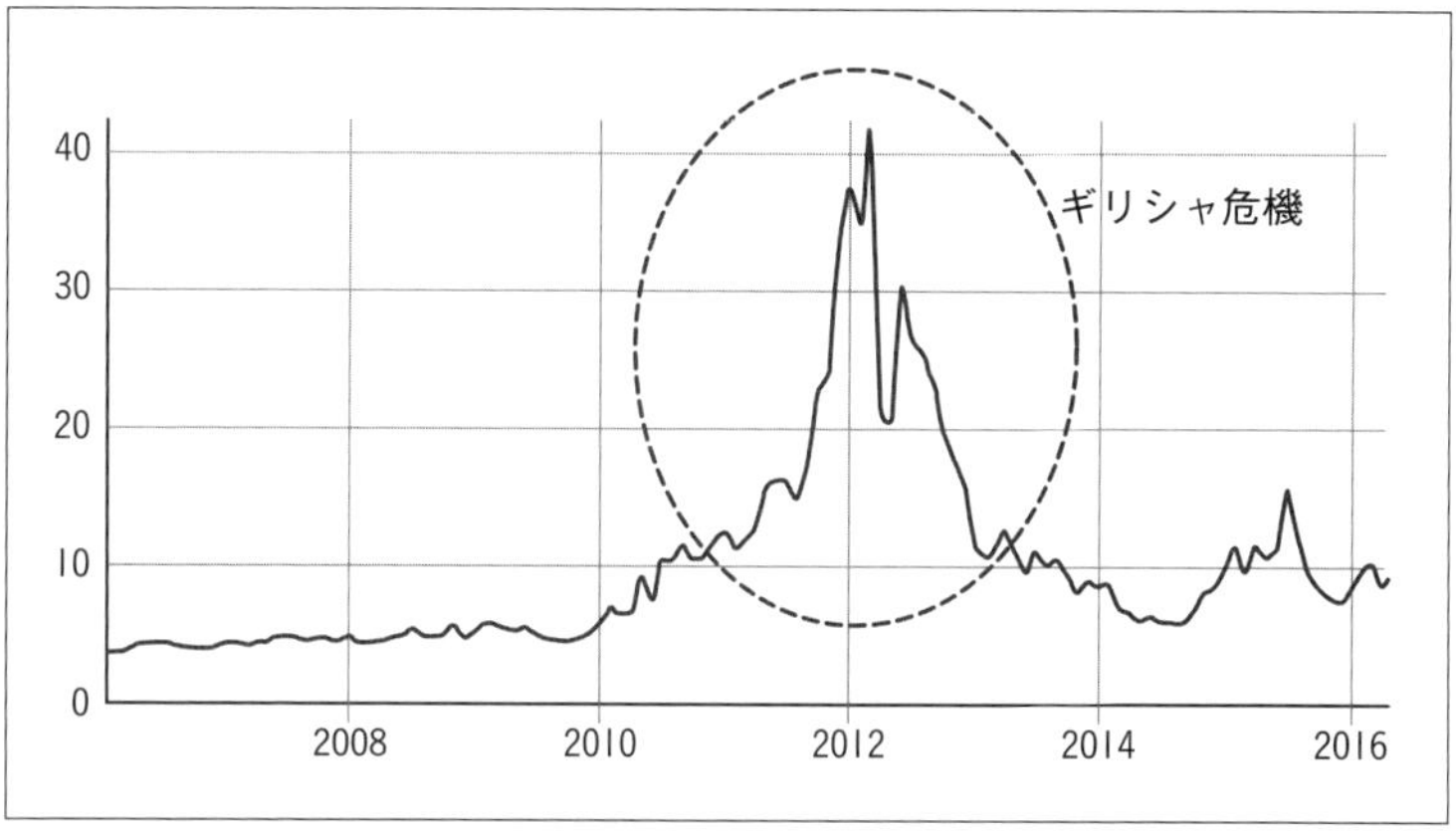

図８　ギリシャ政府の10年国債金利の推移（%）
＊　デフォルトが迫った2011年夏から、ユーロ離脱が取りざたされた2012年３月にかけて金利が高騰した

例えば、実質上、政府が「破綻」したことでよく知られるギリシャの国債金利は、その危機が切迫しだした頃から急激に高騰し、最大で約40%程度にもなった（図8参照）。つまり、ギリシャに100万円貸しておけば、1年後には、40万円儲かるのである。仮に10年間貸しておけば、なんとそれは20倍にふくれあがり、2000万円も返してくれる、ということになる。

しかし当時はそれでも誰も買わなかったのである。なぜなら、皆が、「ギリシャは破綻して、貸した金が返ってこなくなるのではないか」と、本気で心配していたからである。そんなものを買うのはよほどのギャンブル好きに限られたわけだ。

ただし、そうしたリスクが遠のけば、また金利は下がっていく。皆がその高い金利欲しさに、それなりに危ないと分かっていながらギリシャにカネを貸してやろうと考えるわけだ。そして今では10％程度となっている、という次第である（ちなみに、金利が10％でも、10年経てば約2・4倍になるのだから、ギリシャがきちんと返してくれるのなら、貸し手としてはなかなか魅力的な貸し付けだ。でもそれでもカネを貸す人が少ない、というくらい信頼されていないのが、今のギリシャの現状だ）。

このように、**国債の金利というのは、その政府がどれくらいの破綻リスクを抱えているのか、という事についての、市場関係者による認識の「バロメーター」**となっているのである。

要するに金利が高いという事は、皆が「その政府、ヤバイ、破綻するかも」と考えているという事を意味し、金利が安いという事は、皆が「破綻なんてあり得ない」と考えている、という事を意味しているのである。

では、今、わが国の政府は、ヤバイと思われているのか、破綻なんてあり得ない、と思われているのかと言えば――明らかに「超安全だ」と思われているのが実態だ。

図9をご覧いただきたい。

わが国では、この図に示したように、政府の累積債務（すなわち、政府の借金）は年々増えていっている。しかし、国債の金利の方はそれとは逆に下がってきているのである。そして今や金利は1％を遥かに割り込み0パーセント、という超低い水準となっている。

わが国の国債金利は、ギリシャが10％程度を推移しているのとは、全く対照的な状況にあ

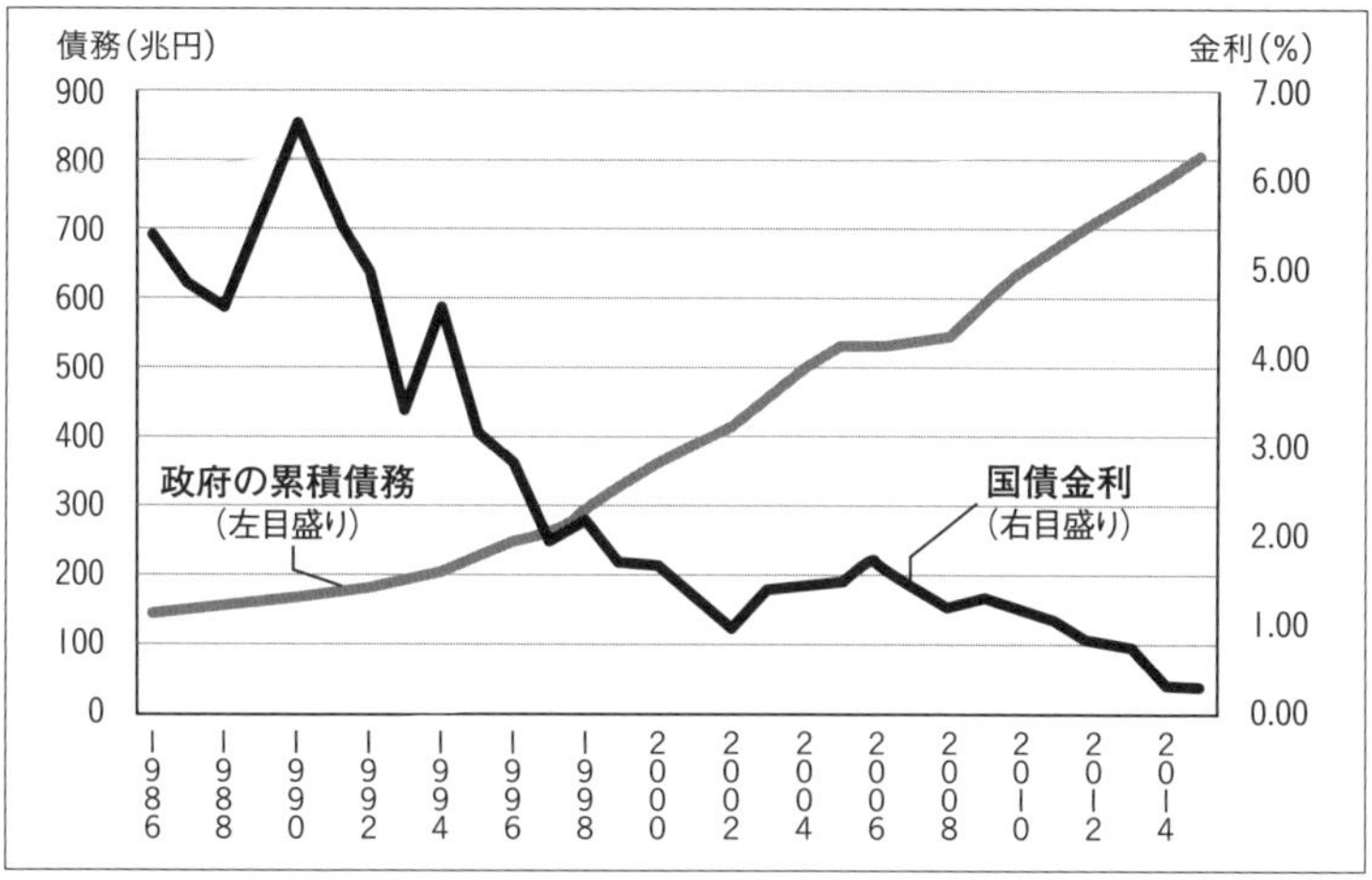

図９　政府の累積債務（借金）と国債金利（10 年国債、12 月時点）の推移

るのである。つまり、日本政府はギリシャ政府とは逆に、「絶対破綻なんてしない」とマーケット関係者から思われているのである。

なぜ、デフレ下で金利が上がるのではなく、下がっていくのか？

ところでこの図で大変興味深いのは、政府の借金が増えれば増える程に、金利が下がっていく、という関係があることだ。

繰り返すが金利が低いということは、マーケット関係者が「カネを貸したい」と思っているということだ。だからこれはつまり、政府の借金が増えれば増える程に、マーケット関係者は、より強く「カネを貸したい」と考えるようになっていく、という関係があることを意味している。

一見、この関係は矛盾があるように思えるかも知れない。

例えば、吉川東京大学教授なら、そう思うだろう。

なぜなら彼は、（例えば当方との日経朝刊での対談で）「累積債務が大きくなっているから、財政危機があるのだ」と主張していたからだ。そもそも財政危機とは通常、金利の高騰を伴う。だから彼は、「債務残高が大きくなれば、金利が高騰する」と主張していたに等しいわけだ。

しかし現実は、彼の主張とは逆に、金利は下がり続けている。

これはなぜなのだろうか？　なぜ、吉川教授の言うこととは真逆の事が起こるのか？

実は、この点を理解することが、「デフレとは何か？」そして「資本主義とは何か？」を本質的に理解する上で大変重要な示唆を与えることとなる。

ついてはこの点に的を絞って、少し詳しく、解説することとしよう。

まず、デフレになれば皆が投資をしなくなる一方で、貯金ばかりをするようになる――ということは、先に指摘した通りだ。

そういう状況になると困るのは銀行だ。

銀行とはそもそも、皆からお金を預かり、それを誰かに貸し付けるという存在である。そして、「皆からのお金を預かる」時の金利よりも、「誰かに貸し付ける」時の金利を少し高く設定しておいて、その金利差でお金を儲ける。それが銀行という商売だ。

だから銀行は、皆からお金を預かってばかりでは商売にならない。誰かにカネを貸して初めて利益がでる。

ところがデフレでは、これまで何度か指摘したように、誰も銀行から積極的にお金を借りようとはしなくなってしまう。そもそもデフレ下では、投資意欲それ自体が減退しているからだ。

だから銀行はデフレ下では、「カネを借りてくれる主体」を血眼になって探しまくる事になるわけだ。

とはいえ銀行は中小企業には貸したくはない――なぜなら中小企業は、デフレ状況では倒産するリスクがあるからだ。だから銀行はデフレ下では、できるだけ倒産するリスクの低い巨大組織にカネを貸したい――と強烈に考えるに至る。

絶対に倒産する見込みのない巨大組織中の巨大組織がどこかと言えば――無論、それは「政府」だ。

だから銀行はデフレ下では、金庫の中で余ってしまっている大量のカネを「政府に貸し付けたい」と強烈に願うようになる。

かくしてデフレ下では、銀行等の金融機関は皆、国債を買いまくっていく。つまりデフレ状況下では（税収が低下することで）累積債務が拡大していくと同時に、国債が大人気商品となり、国債が不足気味になり、結果、国債金利が低下していく――という事になるのである。

これが、デフレ下で、累積債務が拡大していくと同時に、国債金利が低下していくメカニズムだ。両者の間には、吉川東京大学教授が想定しているような直接の因果関係などない。累積債務の拡大も金利の低下も、「デフレ」という大きな経済現象における個々の部分的現象に過ぎないのである。

デフレ下で政府は、マーケットの要望に応えるために、借金を増やしていかざるを得ない

ところで、もしも、累積債務が増えていくことで金利がホントに「高騰」してしまえば、国債発行はどんどん難しくなっていく。政府は大量の利払いの責任が生ずるからだ。ところが金利が低ければ、そうした心配もない。だから金利が低ければ、高い時よりも自ずと国債発行が容易となり、政府はより多く国債を発行していくこととなるのも当然だ。

そもそも「国債金利の低さ」は「マーケットにおける国債に対するニーズの高さ」そのものを意味している。だから、金利が低ければ、マーケットの声に引っ張られるようにして、自ずと国債発行額が増えていくのも当たり前だ。

この点に関して、興味深いデータがある。それは、政府・財務省が毎年決めている「前倒し債の発行上限額」が、ここ数年間、毎年毎年増加し続けている、というデータである。

財務省はしばしば、国債の人気がマーケットで高まって国債それ自身が「不足」し始めたとき、「国債の品不足を和らげるため」の対応を迫られる。なぜなら財務省は「発行が急減すれば投資家が計画的に買いづらくなり、市場を不安定にさせる」と理解しているからだ[*33]（これは、財務省関係者の実際の声だ）。だから財務省は、「国債不足」に陥ったときには、マーケットに国債を供給するために次年度発行分を大量に「前倒し」して発行するのである。そのために、財務省は金利が低くなればなるほど、「前倒し債の発行上限額」を引き上げていくのである。

事実、２０１１年頃には10兆円強だったのが、２０１３年、14年には30兆円弱にまで拡大し、２０１５年、16年には実に50兆円近くもの水準に「前倒し発行上限額」を引き上げている。

つまり財務省は、デフレ下では国債を欲しがるマーケットの声を無視することが出来なくなってしまい、その声に応えるべく国債を無理矢理にでも発行せざるを得なくなってしまっているのである。

ところで当たり前のことだが、「国債を発行する」とは「政府が借金をする」ということである。

＊33「国債前倒し発行、過去最高に　16年度の上限48兆円」（日本経済新聞、２０１５年12月27日付）

ということはつまり、「政府は、デフレ下では、マーケットの要望に応えるために、借金を増やして行かざるを得なくなっている」のである。

デフレ状況では、資本主義経済を回すエンジンを、民間の代わりに政府が担ってやらなければならなくなる

ここで、なぜ、デフレになれば、政府はマーケットの要望に応えるために借金を増やしていかざるを得なくなっているのか——について説明することとしよう。

多くの場合、借金は、「収入が少ないのに、出費がかさみ、仕方なく増やすもの」である。政府が借金を増やしてしまっているのも、税収が少ないにもかかわらず、高齢化社会に伴って出費がかさみ、致し方なく増えている——というイメージが共有されている。

しかし、このイメージだけでは、累積債務が増加していくメカニズムを正確に理解することはできない。

先にも述べたように、デフレが進行すれば政府はマーケットの要望に対応するために、借金を増やしたくなくても増やしていかなければならなくなっている——というのが、現実の姿なのだ。

図10をご覧いただきたい。

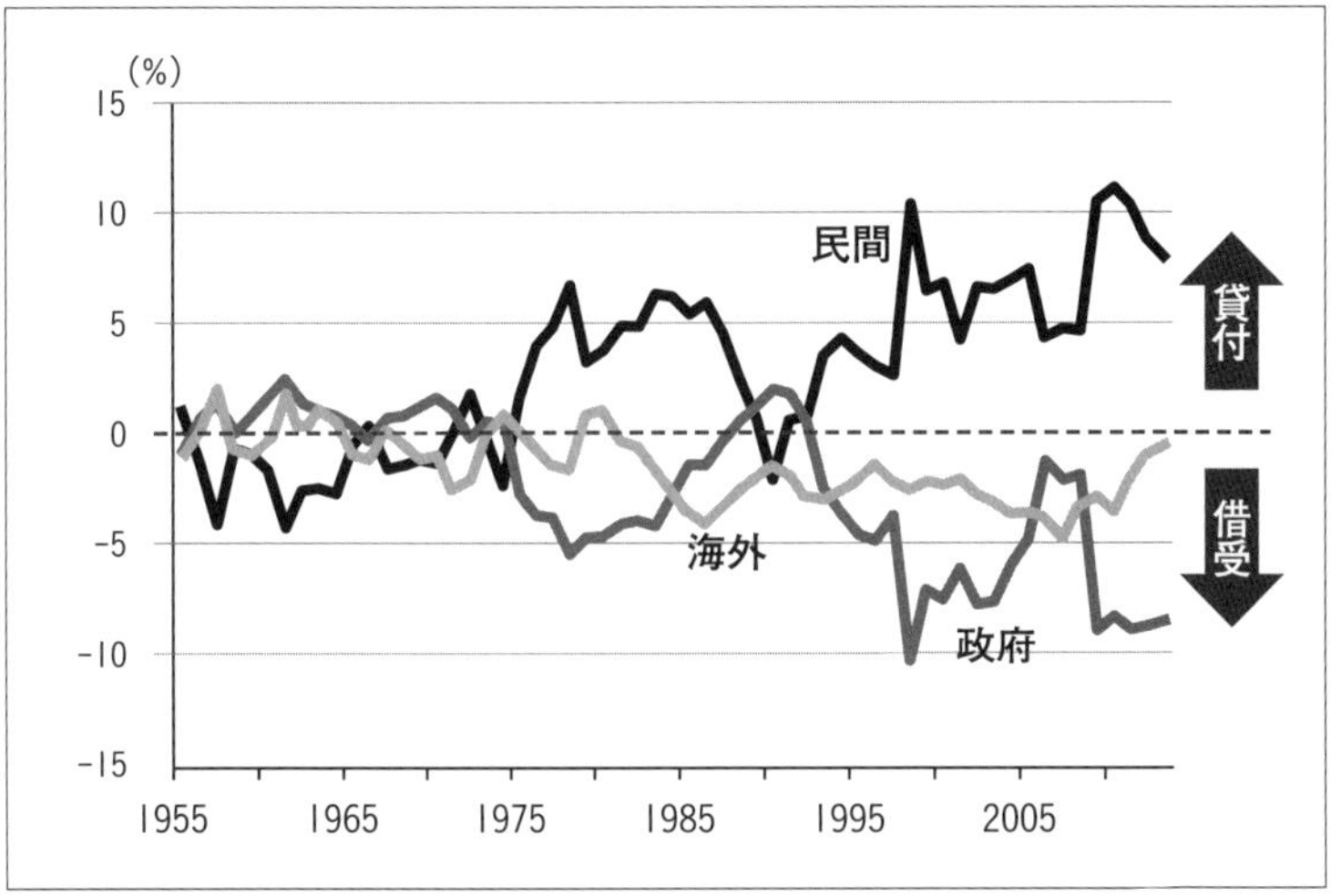

図10 日本における「民間・政府・海外」の貯蓄投資バランス（対GDP比率%）

これは、日本経済における三つの経済主体（民間、政府、海外）それぞれのトータル「貯蓄投資バランス」と呼ばれるものの推移を示している。貯蓄投資バランスとは、要するに、「貸し付けたカネ」（貸付）から「借りたカネ」（借受）を差し引いたものだ。「貸し付けたカネ」の方が多ければプラスになり、「借りたカネ」の方が多ければマイナスになる。両者が一致していれば、0になる（縦軸は、それぞれの年次のGDPに対する比率を示している）。

さて、この図には重要な特徴がある。

ご覧のように、民間も政府も、そして海外も、借りたカネが増えたり、貸したカネが増えたり変動し続けているが、**これら三者を足し合わせれば、ほぼ「ゼロ」になっている、**という事実である。

これは当たり前の事だ。例えば二人の夫婦だけの閉じた経済を考えれば、夫が妻に100万円を貸せば、夫には「100万円の貸付」があり妻には「100万円の借金」があるということになり、両者を足せばプラマイゼロになる、という次第である。

さて、1970年代中盤までの「高度成長期」の頃には、民間は「借受」(借金)が多い一方、その分、政府や海外には「貸付」(貯金)が多かった。つまり、高度成長期の時代は、民間が政府や海外からカネを借りていたのである。では、民間はその借りたカネで何をしていたのかといえば、工場を作ったりビルを建てたり等の「投資」をしていたのである。

ところが、高度成長期が終わった70年代中盤以降、90年前後のバブル崩壊の頃を除くと、基本的には、民間は「貸付」(貯金)が多い一方、政府や海外は「借受」(借金)が多くなっていく。そしてその傾向は、90年代後半の「デフレ」時代に突入して以降、より顕著となっている。

これは次のような事情による。

まず、これまで何度か指摘したようにデフレになれば、**投資意欲が減退した民間はカネを借りず、貯金ばかりをするようになる**。つまり、民間企業が「内部留保金」をため込んでいくようになっていく。そして、そうやってため込んだカネで「貸し付け」ばかりをしようとする。[*34]その規模は実にGDPの10%、すなわち約50兆円である。

一方でそうなれば、その50兆円もの大量の「貸し付け」を、どこかの誰かが「借り受け」

なければならなくなる。日本経済に関わる経済主体は、民間以外には「海外」と「政府」しかいないのだから、結局はその両者でその「50兆円もの大量の資金を借り受ける義務」を「果たしていく」こととなる。[*35]

ただし、海外に優良な貸し付け先が大量にあるというわけでもないため、[*36]結局は、政府が**大量に借り受けていく他なくなってしまう。**

これこそ、デフレ下で政府の借金が拡大し続けていく最大の根拠だ。デフレ下では、国債需要が急激に高まり、その結果として金利が低下し、国債の発行抵抗が極限にまで低減し、国債発行額が増加していくのだ。繰り返すが、それだけの国債需要がマーケットになければ、金利は高騰し、（どれだけ社会保障費等が必要とされていても）国債発行額は自ずと抑制されて

＊34　実際には、銀行にカネを預けるだけ預け、銀行からカネを借りなくなっていく、ということである。

＊35　実際には、この義務を必死で履行しようとするのは銀行等の「金融機関」だ。彼らは大量に民間から預けられたカネを何とか運用して増やしていくために、必死になって誰かに「貸し出そう」とするのである。その貸し出し先が、政府と海外、ということになるのである。

＊36　逆に言うなら、日本の銀行等は数兆円、数十兆円規模で、アメリカ政府をはじめとした外国政府の国債を購入したり、ウォール街の金融会社に貸し付けたりすることになるのだが、それだけでは企業の内部留保等を捌きることができず、致し方なく、最も安心できる日本国債を大量購入するようになっていくのである。

いく他なくなっていくのである。

こうした現象は、次のように解釈することができる。

そもそも資本主義とは、誰かがカネを借りて、その借りたカネで投資をして回していく経済システムだ。ところがデフレになれば、民間の投資マインドが冷え込み、誰も投資しなくなり、資本主義が「心肺停止」状態となってしまう。そんな状況の中で何とか経済を回していくためには、どこかの誰かがカネを借りて投資を続けるという「責務」を果たさなければならない。だから民間市場はその責務を、国内最強最大の経済主体である政府に果たせ果たせと迫るようになるのである（それが、超低金利、という市場状況だ）。だからデフレで民間が投資しない時代には、政府が民間の代わりに、大量のカネを借りて大量の投資をしていくことが、資本主義で経済を回していくために必然的に求められるのである。

デフレ状況の中では、資本主義経済を回すエンジンを、民間の代わりに政府が担ってやらなければならなくなるのである。[*37]

デフレ下での政府の「緊縮」は、一国の経済を死に至らしめる「不道徳」行為である

ここまでくれば、クルーグマンやスティグリッツが、なぜ、徹底的に緊縮財政を批判し、

積極財政を主張したのか、その本質的理由がクッキリと見えてくる。

それは、民間がカネを使わないデフレ状況下で、政府もそれにつられて緊縮主義に陥り、カネを全然使わなくなってしまえば、そのマーケットの中で誰もカネを使わなくなり、資本主義経済それ自身が回らなくなってしまうからだ。つまり、デフレ下での政府の緊縮主義は、政府がなすべき仕事の責任放棄なのだ。

それは、父親が、親であるにもかかわらず、子供達の医療費をせびって病院にもつれていかず、ひたすら貯金ばかりしているようなものなのだ。

つまりデフレ下での「緊縮」は、不道徳の極みなのである。

しかしそれにもかかわらず、日本破綻論者は、「緊縮」こそが日本のために求められているのであり、その規律を破る「積極」財政論こそが日本に大きな被害をもたらす危険な思想なのだという立場に立ち、我こそが正義の側に立つ「道徳的に正しき者なのだ」と主張する。

＊37　もちろん、海外の人々にそれをやってもらっても構わないのだが、それでは、日本国民のためになる投資が進められるとは限らない。海外の人々が日本でより大きな金儲けをするために、海外投資が使われてしまう公算が高くなってしまうからだ。だから、デフレ時代に民間が投資をしなくなれば、海外の投資家ではなく政府がその肩代わりをする方が、国益のためには圧倒的に得策なのである。そもそも政府は国益を守るべき存在だという点を踏まえるなら、デフレ時代に積極的な役割を担うべきは、政府であるのも当然だと言えよう。

不道徳者のくせに我こそが道徳的に正しき者だと認識し、あろう事かその道徳を振りかざす――。

愚かの極みだ。

別の比喩で言うなら、彼らはまるで栄養失調で死にそうな子供に「食べ過ぎは肥満の元。人間は気を抜くとすぐ食べ過ぎになっちゃう。だからこの子にはやっぱりダイエットが必要なのよ！」と主張し、十分な食料を与えず、死に至らしめる親のようなものだ。しかもあろうことか、隣の大人がその子を心配して、「今、この子は栄養失調の状態です。そんな子にダイエットなんて、正気の沙汰じゃありません」と注意をしているのに、今度はその大人に「しっかり食べさせるなんてあり得ない、ダイエットが必要なのよ！」と「逆ギレ」して見せる、というおまけ付きだ。

普通の神経を持つ者なら、このような御仁を目にすれば誰だって、道徳的嫌悪感を抱いてしまうだろう。

実際、クルーグマンは、そういう（デフレ経済においてさらなる緊縮を政府に迫るような）不道徳な愚か者に対して、相当な嫌悪感を抱いている様が下記の発言からも読み取れる。先にも紹介したが、「デフレの日本の政府に緊縮を強いる人」に対する彼の発言だ。

「もし、『日本もギリシャのようになる』と言う人がいたとしたら、その人には、そんな事が起こるなら、どうやって起こるのか、問い詰めてみればいい。どうせ答えられないに決まってる。そんなこと、起こりようないのだから」

これは先の比喩を使うなら、「日本もギリシャのようになる」なんて、栄養失調の人間が少しモノを食べたくらいで肥満にはなりようがない程、あり得ないことなんだ、なんてバカなんだ、そいつは——と言わんばかりの発言だ。

いずれにせよ、「政府」というものは、「家計」とは全く違うのだ。

もちろん家計が苦しくなれば、「緊縮」せざるを得ない。儲ける存在ではないからだ。

しかし、「政府」は「家計」とは違う。しっかりと賢い財政政策を行えば、景気はよくなり、税収すら上向いていくのだ。それほどまでに、「政府」という存在は、巨大なのだ。自分自身の振る舞い方が、国全体の経済状況を一変させてしまう程に強大な存在、それが「政府」という経済主体なのだ（政府は、家計にも企業にも不可能な一国の経済を左右する「財政政策」や「金融政策」を行い得る）。

だから、「家庭の主婦」感覚で、政府の財政の善し悪しを決めるような愚かなことをしてはならないのだ。

とにかく、無知は時に、単なる無知では済まされない。

時に無知は、巨大な「不道徳」を産み出す母体となる。

栄養失調という概念についての無知は、「栄養失調の子供にダイエットを強いる」という不道徳を産み出す。同様に、デフレという概念の無知は、「デフレの国の政府に緊縮を強いる」という不道徳を産み出しているのである（もちろん、ダイエットが求められる時があるように、政府においても緊縮が求められる時があることは当然だ。時と場合によって、ダイエットや緊縮は毒にも薬にもなるのだ）。

いずれにせよ、クルーグマンやスティグリッツは、政府というものがその国の経済にとってどういう存在なのかを熟知している人々だ。だから、彼らは「苦しい時は緊縮すべし！」という家計の感覚を政府の経済政策に持ち込むことの愚を、激烈に批判し続けてきたのである。

もしも、知らず知らずの内に「無知」の中に生き続け、愚かな経済政策を支持し続けてきた読者がおられたとするなら――是非とも、クルーグマンやスティグリッツの声に、耳を傾けていただきたいと思う。「君子豹変す」という格言が意味する通り、良心さえあれば、まさに今、この瞬間から認識を改めることなど、いとも容易いことなのだから――。

第４章

「プライマリー・バランス目標」が財政を悪化させている

「日本破綻論」は一体何がおかしいのか

先の章では、「このままでは日本は借金が増え続け、ギリシャのように破綻する！　だから、積極財政なんてできない！」という「日本破綻論」が如何にナンセンスで、不合理、不条理な誤りであるのかについて、クルーグマンやスティグリッツの言説を引用しつつ解説した。

ここではまず、先の章で論じた内容を、改めて整理しておくことにしよう。

第一に、ギリシャが借りていたのは、自ら発行することのできないユーロだったから、彼らはそれを用立てることができなくなり、最悪破綻することもある。しかし日本はギリシャと違い、中央銀行を持ち、その中央銀行が発行する通貨である「円」でカネを借りている。だから日本の場合は、ギリシャのように「借りたカネを返せなくなる」という状況が訪れるとは現実的に言って考えがたいのであり、その点において、「日本破綻論」は、決定的にナンセンスなのである。

第二に、今日の日本の国債市場では、累積債務が増えれば増えるほど、「金利」が安くなるという現実がある。そして現在、長期金利はほとんどゼロ。これは要するに、市場で国債が大人気、ということであり、裏をかえせば、「皆が政府にカネを貸し付けたくてしかたない」ということ。これでは、政府が仮に「破綻したい」と思ったとしても、破綻すらできないい状況だ。これは、ギリシャ国債の金利が定常的に10%程度もある、という状況とは対照的。それほどまでに、今の日本はギリシャのような「破綻寸前の政府」からはほど遠い状態にあるのだ。この意味においても、「日本破綻論」は現実性を著しく欠いているのである。

第三に、現在、マーケットは政府に借金を増やし、投資を増やすように「低金利」「国債不足」という圧力をかけて来ているが、これはそもそも、資本主義とは、誰かがカネを借りて、投資をすることで回っていく制度だからである。デフレの今、民間は先行き不安のためカネを借りて投資をしようとしない。そんな時には、資本主義を回していくためには、政府が民間の「肩代わり」をして、カネを借りて投資を増やしていかざるを得ない。そうしなければ、日本経済そのものがストップしてしまう。こうした構造があるからこそ、民間は日本最強の経済主体である政府に対して「もっとカネを借りてくれ！」という圧力をかけているのである。だから、デフレ下で政府の借金が膨らんでいくのは、日本経済が資本主義で運営されている限り、当然なのである。そもそも逆にインフレになれば、経済活動が旺盛になった民間の借金が増えていくことになるが、それを目にしても誰も「民間が一挙に破綻する！」なんて恐れはしないだろう。それは当然のことだからだ。だからそんな当たり前の現象を見て、「借金が増えてきた、恐ろしい！」と考える日本破綻論者は、著しく現状認識を誤った愚か極まりない方々なのである。

第四に、どうやら「日本破綻論者」は、政府の倫理と家計の倫理を混同しているようである。家計は投資したからといって、収入は増やせないし、マクロ経済に影響を及ぼすことも無理。しかし、国家は投資によって収入を増やすことができるし、それ以前に、マクロ経済に巨大な影響を及ぼし得る。さらには通貨の発行量すらコントロールできる。つまり、家計にデフレを終わらせる力などないが、政府にはデフレを終わらせる強烈なパワーがある。だから政府に単なる家計の道徳観を持ち込み、いたずらに日本破綻論をあおり立てること自体がナンセンスなのだ。

——以上を簡単にまとめて言うなら、次のように言うことができよう。

すなわち、日本に通貨発行権がある以上、政府が円で借金をしている限り破綻なんて考え難いし、そこまで言わずとも現状においても、皆が日本政府にカネを貸したがっているくらいだから破綻からはほど遠い状況だし、さらに、デフレで政府の借金が増えるのはヤバイ事でもなんでもなくて「当たり前のこと」なのだから、デフレ下での政府債務の増加を恐れる必要なんて何もないのだ。それにそもそも、政府と家計は根本的に異なる経済主体である以上、「借金が増えたからヤバイ!」という感覚は、家計ではあり得ても政府には全く当てはまらないのだ。

日銀がしっかりしていれば「国債暴落Xデー」がきても、最後はメリットすら生まれる

このように、理性的に考えれば「日本破綻論」という物語は全く正当化できぬ代物に過ぎないのだが、これに加えてさらにクルーグマンは、かの分析会合で、「日本破綻論者」ならばそれを耳にすれば卒倒しかねないことを、さらりと言ってのけている。それは、先にも紹介した以下のような言葉だ。

「日本は自国の通貨を持っている。だから、最悪の事態が起こっても、円が安くなるだけだ。しかもそれは、日本にとってとても良いことですらある。だから心配なんてしなくていいんだ」

この言説の「日本は自国の通貨を持っている」という部分は、先に論じた通りだ。しかしまだ筆者は、それに続く次の言葉の意味を解説していなかった。それは、彼が言う「最悪の事態」というものだ。

ここで彼が言及している「最悪の事態」というのは、文字通り、日本政府が「破綻寸前」に追い込まれる、という状況だ。この時、クルーグマンがイメージしていた状況を解説して

みよう。

いくつかのケースが考えられるが、最も典型的な「最悪の事態」とは、次のようなものだ。現在の国債市場で、何らかの理由で「日本政府がヤバイのではないか」と考える人々が大量に出てきてしまったとしよう。例えば、首都直下地震などで日本政府が大打撃を受ける、等がその一つのケースとして考えられよう。そんな時、そう考える多くの人々が日本国債を「売り」に出すことになる。

そうなると、日本国債の価格が一気に安くなる（そして、金利が一気に高くなる）。こうなると、「国債はこれからどんどん安くなりそうだ」という共通認識が形成されてしまうため、多くの国債所持者が「今のうちに売っておかないと、大損することになる」という恐怖心に駆られ、さらに国債を売り飛ばそうとする。そうなればますます国債は安くなり、「このまま国債が暴落してしまう」という恐怖心がますます広がり――という連鎖反応を通して、国債が「投げ売り」状態に陥って価格は暴落し金利が高騰する、という次第である。そうなると、政府は1000兆円の国債の金利払いだけで凄まじい出費が必要となる一方、その資金を調達するために国債を発行しようとしても誰も買ってくれない――ということになり、結局、実質上、「債務不履行」すなわち、「破綻」することになってしまう、という次第である。

例えば、東日本大震災で原発事故を起こした東電の株は、上記のようなメカニズムを通して暴落した。また、ギリシャの国債についても、これと同じようなメカニズムで暴落した。

そして国債金利は40％程度にまで高騰したのだ（国債の価格と金利は反比例する関係にある）。

これが、「最悪中の最悪」のシナリオで、しばしば日本破綻論者は、こうなる日の事を「**Xデー**」と呼んでいる。そして彼らはこのXデーを避けるために、徹底的な「緊縮」財政が必要なのだと主張しているのだが――クルーグマンは、そんな「**最悪中の最悪のシナリオ」は日本では起こり得ない**、と主張しているのである。

それはなぜかというと、日本には「最後の貸し手」である日銀があるからだ。上記のシナリオの初期段階で、一定数の人が売り出した国債の全てを日銀が買い始めれば（それは一般に買いオペレーションと呼ばれる）、国債の価格低下は起きない。国債の価格低下が起きなければ、連鎖的な投げ売りも起きないし、金利の高騰も起きないのである。

それは、どれだけ大量の人が国債を売り飛ばそうとも同じ事だ。それを全て日銀が買い取れば、国債の価格には何の変動も起きないのである。

さらに言うなら、国債の売りが入りそうな状況が分かった途端に、日銀総裁が、「これから、日銀は柔軟かつ積極的に国債の買いオペレーションを実施します」と宣言すれば、それだけで多くの市場関係者は「なるほど、ならば国債を売らなくても価格は下がらないな」と理解し、誰も売りに出さない、したがって、日銀が買いオペレーションをかける必要性すらなくなるというケースさえ考えられる。

いずれにしても、どれだけ最悪の事態を考えたとしても、日銀が売られた国債を買っていけば、それで政府が破綻することなどあり得ない、ということになるのだ。

ただし、本当に大量に（例えば、数十兆円、数百兆円規模）で国債が売りに出され、それを全て日銀が買ったとすれば、円の価値は低下することになる。つまり「円安」となる。

ちょうど今、日銀の黒田総裁の「異次元の金融緩和」によって大量に円が市場に出回り、円が安くなっているが、それと同じ事がその「最悪の事態」で生ずるということである。

だからクルーグマンは、**「最悪の事態が起こっても、円が安くなるだけだ」**と指摘したのである。

ただし、こうした「円安」は、日本にメリットをもたらすことになる。なぜならそれによって日本の輸出が確実に伸びることになるからだ。だからクルーグマンは以上に続けて**「しかもそれは、日本にとってとても良いことですらある」**と指摘したのである。

つまりクルーグマンは、財政破綻なるものを恐れる必要なんて何もない、どれだけ最悪のケースを考えても、最後に「円安メリット」すら転がり込んでくるくらいのもので、大した事になんてなりやしない——と指摘したのである。

日本の財政再建目標は「債務対名目GDP比」の縮減が合理的である

無論、借金が野放図に無限に増えて良い――というわけではない。クルーグマンも指摘している通り、「債務問題は長期的には懸念すべき」ではある。筆者もまた、そのように考えている。具体的には後ほど論ずるが、筆者は、「累積債務」の「名目GDP」に対する割合、一般的には「債務対名目GDP比」と呼ばれるものを安定化させ、これを長期的に縮減していくことが重要であると考えている。

実際、この「債務対名目GDP比」は、債務問題を考える上で極めてスタンダードなもので、おおよその国でこの安定化や長期的な縮減を目標に掲げている。そしてあまり知られていないかも知れないが、わが国における最も重要な財政再建上の正式目標は、この「債務対名目GDP比」の安定化と長期的な縮減なのであり、これを国際公約に掲げているのが実態だ。

この目標が優れているのは、ただ単に借金を減らせばよい、という目標にはなっていないところだ。

ある程度借金が増えても、きちんと成長をしてそれ以上に名目GDPが伸びていけば、この数値は「縮減」していく事になる。つまり、同じ1000万円の借金であっても、年収3

00万の場合には1000万円の借金と言えば随分と厳しいものとなるが、年収2000万円の場合の1000万円の借金は、それよりは随分と楽なものとなる、と考えるわけである。

いずれにせよ、この「財政再建目標」は単なる借金の縮減を評価するだけでなく、経済成長も高く評価するものとなっているのであり、「財政の健全さ」を保ちながら「成長」していく事を目指す国家にとっては、適切な目標なのである。

どういうわけか、日本ではプライマリー・バランスが有名

しかし、この「債務対名目GDP比」というものを知っている国民は限られていると思う。新聞でも、この言葉はあまり出てこないのが実態だ。もちろん、「日本の借金はGDPの2倍以上もある！」という言説そのものはある程度認知されているが、尺度としての「債務対名目GDP比」は、どういうわけか有名でない。

財政の健全化を議論する上で、日本において圧倒的に有名なのは、「プライマリー・バランス」と呼ばれるものだ。これは略してPBと言われたり表記されたりするが、その正式名称は**基礎的財政収支**である。これは要するに政府の収入から（金利払い以外の）支出を差し引いたものだ。これが黒字なら収入の方が多く、したがって、借金の総量は縮小していく。一方で、これが赤字なら支出の方が多く、結果、借金の総量は拡大していくことになる。

そして事実、わが国は今、２０２０年までにこのプライマリー・バランスを黒字化するという目標を立てており、これを「国際公約」にもしている。つまり、わが国の財政規律の目標は、債務対名目ＧＤＰ比の低減のみならず、プライマリー・バランスの黒字化も目標にしており、これらを双方とも、国際公約にしているのである。

おそらく経済にあまり詳しくない方だと、このプライマリー・バランスという言葉になじみがないかもしれないが、経済について少しでも興味、関心をお持ちの方なら、おおよそ耳にしたことがあるのではないかと思うし、それが国際公約になっている、ということも朧気《おぼろげ》ながら認識しておられるものと思う。

事実、テレビニュースや新聞では、このプライマリー・バランスという言葉はよく使われている。政府の委員会でも議題に取り上げられることも多い。そしてここ数年の毎年毎年の政府の予算の議論においても、このプライマリー・バランス目標が常に意識され、様々な予算を縮減する重要な論拠ともなっている。だからこそテレビや新聞でもことある毎に取り上げられることともなっているのだが、それは先に述べた「債務対名目ＧＤＰ比」とは対照的だ。先にも指摘した通り、おそらくはその名前も聞いたこともなければ、ましてやそれが、国際公約になっているということはほとんど誰も知らないのではないかと思う。

いずれにせよ、プライマリー・バランス（ＰＢ）は、わが国においてはどういうわけか、大変に「有名」な尺度なのだ。

「プライマリー・バランス論」は正当化できるのか？

このようにプライマリー・バランスは、わが国ではよく知られた尺度なのだが、テレビや新聞におけるそれを巡る論調は、おおよそ次のようなものである。

プライマリー・バランス論――「日本の借金はGDPの2倍も超えてしまうくらいに大変な水準で、これは先進国の中でも最悪の状態だ。だからこれ以上、野放図に借金が増えることを避けるためにも、財政運営の規律はとても大切だ。だから、政府の歳入と歳出の差である〝プライマリー・バランス〟の赤字をできるだけ小さくしていき、最終的に、黒字に持って行かないと、とんでもないことになる」

これは既に先に紹介した通りだが、本書の読者なら、この論調の間違ったポイントに、既にお気づきのことだろうと思う。それは、このPB論は、先に論じた「日本破綻論」をベースとして構成されたものだからだ。

例えば、最後の「とんでもないことになる」という結論部分は、クルーグマンが指摘するように、全く正当化できない。中央銀行（日銀）がわが国にはある以上、この文章が示唆するような「とんでもないこと」になんてならない。クルーグマンが言ったように、それでもせいぜい「円安」になる程度の事である。

あるいは、**「日本の借金はGDPの2倍も超えてしまうくらいに大変な水準」**というが、借金が多い事それ自体が問題になるというわけではない。例えば、年収500万の人が年収の2倍の1000万のローンを組んで家を買う、ということは極めて一般的だ。GDPの2倍の借金がある、ということそれ自体は「大変だ」と主張する直接的根拠にはなり得ないのだ。「大変だ」というのなら借金がGDPの2倍を超えることが一体なぜ、どういう理由で「大変なこと」なのかを、説明する必要があるのだが、それについては一切触れられてはいない。というよりむしろ、デフレ下で政府が借金を増やしていくのは自然な事であり健全なことだとも言える。なぜならデフレになり、民間が負債（借金）を抱えなくなれば、政府が民間の代わりに経済活動を支えるために、負債（借金）を引き受けなければ資本主義経済は回らないからだ。デフレ下で政府が借金を増やさなければ、経済が回らなくなるのだから、それの方が大問題だ、と言うこともできよう。もちろん、デフレそれ自身が不健全なのだから、それを解消することが、全ての解決策なのだが――。

ただし、この主張における**「野放図に借金が増えることを避けるためにも、財政運営の規律はとても大切だ」**という点は、筆者も大いに賛同する。そしてこれに反対する方も、おそらくはおられないだろう。不必要かつ野放図に借金を増やし続ければ良いというものでもないし、だから規律というものが必要だという点も、首肯できる。

とはいえ、**だからといってその規律が「プライマリー・バランス」の良し悪しであるかどうかは別問題だ。**おそらくは多くの読者は、それが良く分かりはしないが、よく耳にするものでもあるし、それを目標にしておいても構わないのではないか、という程度の認識しか持たないのではないかと思う。しかも、歳入と歳出の差を減らす、黒字化する、というのは、財政規律として最もストレートで分かりやすい、という点も、規律として適当ではないか、と思わせる理由の一つになるだろう。

しかし、ここに大きな落とし穴がある。普段耳にしたり、分かりやすかったりすることが常に正しいとは限らないからだ。

そもそも、現状はデフレ状況が20年も続く異常事態だ。そんな異常事態の中では、当たり前だと言われている事柄の中には実は「異常」で「不当」なものも含まれていたとしても、何も不思議ではない。事実、我々は本書でも、皆が当たり前だと感じている「日本破綻論」が如何に不当なものであるかを確認したところである。

ついては本章では「プライマリー・バランス」なるものに的を絞って、その正当性、ないしは不当性をじっくりと考えてみることにしたい。

主要先進国でプライマリー・バランスを目標に掲げているのは日本だけ

この「プライマリー・バランス」問題を考えるにあたって、まず第一に、読者各位に理解していただきたいのは、この「プライマリー・バランス目標」なるものを掲げている先進国は、日本以外には一つもないという事実だ。

例えば、2013年G20サンクトペテルブルグサミット「首脳宣言」では、「先進国は……財政戦略を策定した。これらの戦略は、「債務対名目GDP比」を持続可能な道筋に乗せつつ、経済成長と雇用創出を支えるため、短期的な経済状況を勘案し、機動的に実施される」と宣言されているに過ぎず、PBについては一切、言及されていない。[*38]

この宣言を受ける格好で、各国はそれぞれの財政規律目標をこのG20宣言において立てているのだが、PBを目標にしている国は、わが国日本一国だけなのだ。例えば、ドイツ、フランス、イタリア、スペイン、イギリスなどEU諸国、スイス、カナダ、オーストラリア、韓国は皆、「債務対名目GDP比」に基づく債務目標を掲げており、PBについて明確な目

＊38 http://www.mof.go.jp/english/international_policy/convention/g20/20130906_fiscaltemplate_aes.pdf

標に掲げている国はない。

ではなぜ、世界各国は、「PB」ではなく「債務対名目GDP比」を財政健全化の目標に掲げているのかといえば、債務対名目GDP比を目標に掲げていれば、累積債務の拡大を抑制するだけでなく、名目GDPが拡大することも財政再建の上で高く評価されることになるからだ。一方でPB目標は、名目GDPがどれだけ増えようとも関係ない。むしろ逆に、名目GDPがどれだけ悪化しようともPB目標は達成できてしまう。

だから、成長と財政の双方を目的とする場合には「債務対名目GDP比」を目標とすることが得策なのである。一方で、万一「成長など度外視」して財政規律「だけ」を守りたい——という奇特な目標を持っている場合は「PB」を目標とすることが得策となる。

そして繰り返すが、各国はPBではなく、「債務対名目GDP比」を目標に掲げている。これはつまり、世界各国は、成長を度外視するつもりなどなく、成長と財政の両者を見据えた経済財政運営を図ろうとしている、ということを意味している。一方で、日本だけがPB目標を掲げているわけだが、これはつまり、成長を度外視してとにかく財政規律だけ守るという立場に立っている、ということ意味していると解釈せざるを得ないのである。

真の財政健全化目標は「債務対名目GDP比」の低減。PBはそれを実現するための「下位目標」に過ぎない

とはいえ、日本もG20の文書を確認してみれば、PB「だけ」を目標にしているのではなく、「債務対名目GDP比」を下げていくこともまた目標に掲げていることが見て取れる。

というよりもむしろ、よくよくG20の資料を見れば、日本の「本来の目標」は「債務対名目GDP比」を下げることであり、PBの黒字化はその本来目的を達成するための「手段としての目標」「下位目標」に過ぎない、と書かれているのである。

つまり、わが国においてすら、PBよりももっと重要なのは、「債務対名目GDP比」の安定化、改善という財政健全化目標だと「宣言」されているのであり、それこそが、わが国の「国際公約の実態」なのである。

PBの改善が債務対名目GDP比の改善を意味する、という「非現実的」な仮定

ここで、もしも仮に名目GDPが変わらないのだとすれば、PBの改善は、債務対名目GDP比の改善につながる。

なぜなら、ＰＢが黒字化するということは、「分子」の債務が「減っていく」ことになるからだ。つまり、「日本は成長なんてしない」という前提にたてば、確かに債務対名目ＧＤＰ比を改善していくためには、ＰＢを黒字化させていくことが必要となる。

しかし、現実の経済では名目ＧＤＰが拡大することは当然あり得る。だから、ＰＢの改善は必ずしも債務対ＧＤＰという、究極目標の改善に結びつくとは限らないのである。

例えば仮にＰＢが「黒字」であったとしても、それによって名目ＧＤＰが縮小すれば、「債務対名目ＧＤＰ比」が「悪化」する事があり、逆にＰＢが「赤字」であっても、それによって名目ＧＤＰが拡大しているなら、「債務対名目ＧＤＰ比」は「改善」することすらある、という次第である。

一方、金利が低ければ、ＰＢが多少赤字でも、債務対名目ＧＤＰ比は改善する、ということもあり得る。金利払いが少なくなり、債務があまり増えなくなるからだ。その金利払い以上に名目ＧＤＰが拡大していけば、債務対名目ＧＤＰ比は低減していくことになる。

いずれにしても、ＰＢと債務対名目ＧＤＰ比の関係は、単純なものではない。名目成長率がどの程度で、金利がどの程度なのか――ということに依存して、ＰＢと債務対名目ＧＤＰ比との関係も決まってくる、というかなり「ややこしい関係」があるのだ。

ちなみにこのややこしい関係を数学的に分析すると、最終的には、名目ＧＤＰ成長率と金利が「一致」していれば、ＰＢの黒字化は債務対名目ＧＤＰ比の低減に一致することが知られている（詳細は、例えばこちらの文献を参照されたい）[*39]。

そして日本は、債務対名目ＧＤＰ比を改善するにあたって、不思議な事に「金利は、名目成長率とほぼ同じになる」という少なくとも現時点では極めて「非現実的な前提」を置いているのである（これが如何に非現実的な想定なのかについては、後ほど述べる）。そして、この非現実的な前提の下、「債務対名目ＧＤＰ比の改善は、ＰＢの黒字化によって達成される」という論理の下、「ＰＢの黒字化」を財政健全化の目標に仕立て上げてしまっているのである。

だから、現在の日本は一応、タテマエでは、債務対名目ＧＤＰ比を低減する「ため」にＰＢの黒字化を目指している、という事になっているのである。

しかし言うまでもなく、このような非現実的な仮定をおいている国は、日本をおいて他にない。他の国では、ＰＢの黒字化を目標にはせず、至って普通に、債務対名目ＧＤＰ比の低減を目指しているのである。

この時点で、プライマリー・バランス論は、なにやら怪しげな様相を帯びることになる。

＊39　詳細は、藤井聡「財政規律のための『ドーマー条件』の性質について」（「新」日本経済新聞、２０１４年12月30日）。

２０１５年、ＰＢが赤字であるにもかかわらず債務対名目ＧＤＰ比が「安定化」した

とは言え百歩譲って本当に「金利は、名目成長率とほぼ同じ」という実態があるのなら、この日本の立場も正当化することはできる。

しかし、現実では、両者は全く一致していない。

金利は圧倒的に低いし、アベノミクスが実行されて以来、名目ＧＤＰは一定程度の成長を見せている、というのが、現代日本の姿なのだ。したがって、債務対名目ＧＤＰ比を改善するためにＰＢを黒字化する、という主張は、一切正当化できないのだ。

実際にデータを確認してみよう。

例えば昨年２０１５年、国債金利は０・２～０・３％程度だった。

一方で、名目ＧＤＰの成長率は、その10倍以上の２・５％だった。

このように両者が一致しない状況では、ＰＢが赤字であっても債務対名目ＧＤＰ比は安定したり、黒字化したりすることになる。

図11をご覧頂きたい。これは、過去5年間のＰＢと債務対名目ＧＤＰ比の「悪化量」を示したものだ。

まずＰＢの方は、近年徐々に改善してきてはいるものの、ずっと「赤字」のままである。

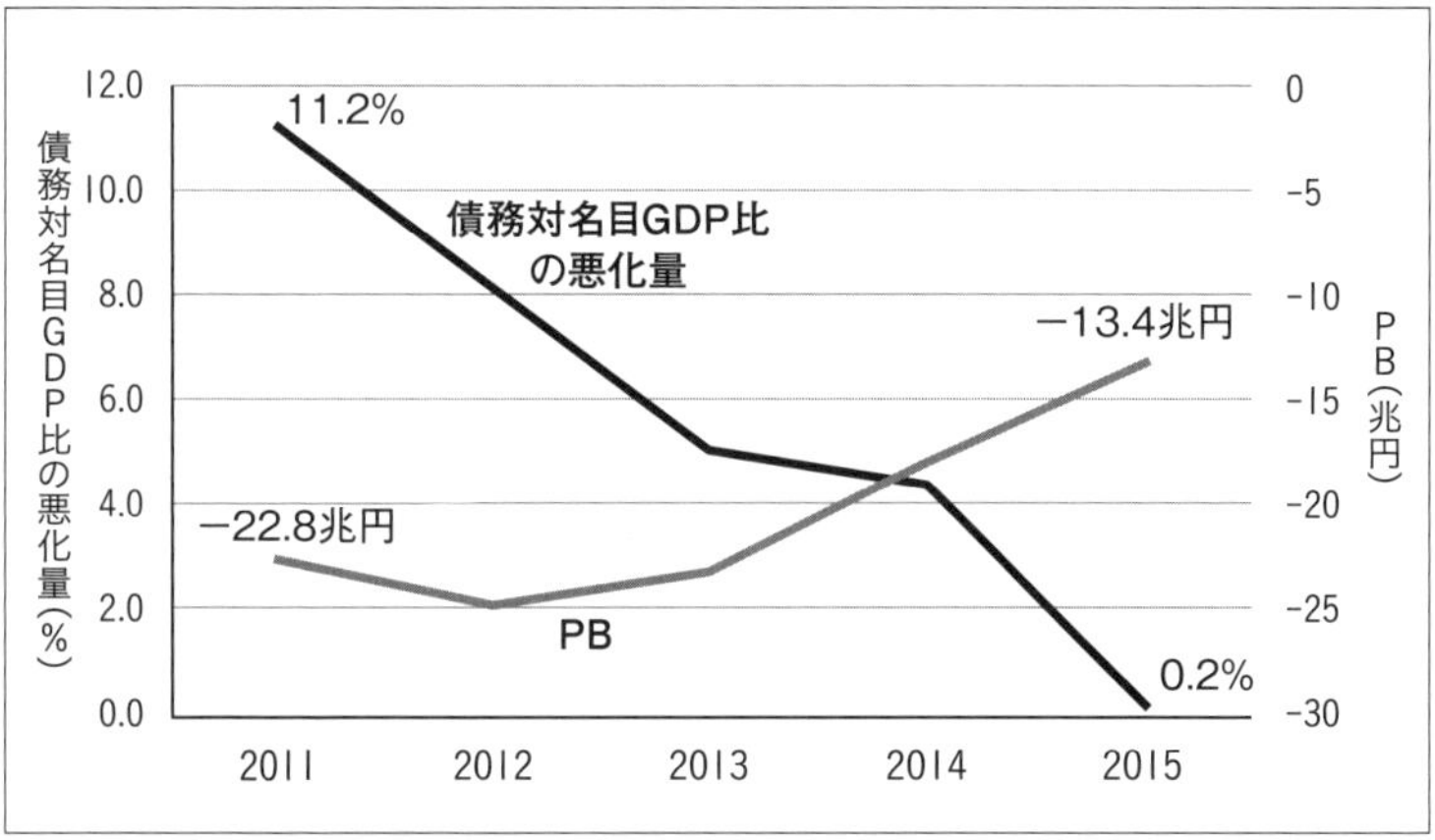

図11　最近５年間の、債務対名目 GDP 比率の悪化量（%）とプライマリー・バランス
＊　なお、ＰＢの値は中央政府一般会計当初予算に基づくもの（出典：財務省主計局「我が国の財政事情」）

２０１５年ですら13・４兆円もの赤字となっている。

一方、債務対名目ＧＤＰ比の悪化量（つまり、債務対名目ＧＤＰ比の前年から当年にかけての変化量）は、年々縮小していき、２０１５年には０・２％となっている。これはつまり、債務対名目ＧＤＰ比は、２０１５年時点で「横ばい」になっていることを意味している。

すなわち２０１５年はＰＢがいまだ13・４兆円も「赤字」であるにもかかわらず、債務対名目ＧＤＰ比の方は「横ばい」になり「安定化」しているのである。

これは先にも指摘したように、名目ＧＤＰの成長率が２・５％もある一方で、債務を膨らませる金利の方がたった０・３〜０・４％程度しかないからである。名目Ｇ

DPが成長すれば、（低金利状況であれば）PBがいかに赤字であっても、債務対名目GDP比は増加しないのである。言うまでもなく、もう少し名目GDPの成長率が高ければ、債務対名目GDP比は「改善」に向かっていたはずなのである。

つまり、このわが国の実際の過去の実績からも明白な通り、PBの「黒字化」にこだわらなくても、「成長」を目指すことで債務対名目GDP比は安定化、改善可能なのである。

債務対名目GDP比の推移には、名目成長率が決定的に重要な影響を及ぼす

この点は、図12を見ればより明確になる。この図は同じく過去5年の債務対GDP比と名目成長率だ。

ご覧のように、過去5年間、アベノミクスが推進されるに従って名目成長率は（右肩上がりに）伸長してきた。先に、債務対名目GDP比の「悪化量」は、過去5年間、（右肩下がりに）年々縮小してきたという点を指摘したが、その「悪化量」の推移は「名目成長率」の推移に反比例していたのである。すなわち、名目成長率が大きくなればなるほどに、債務対名目GDP比は改善（＝悪化量が縮小）していったのである。

そして、名目GDP成長率が2・5％に達した2015年にようやく、この図12に示すよ

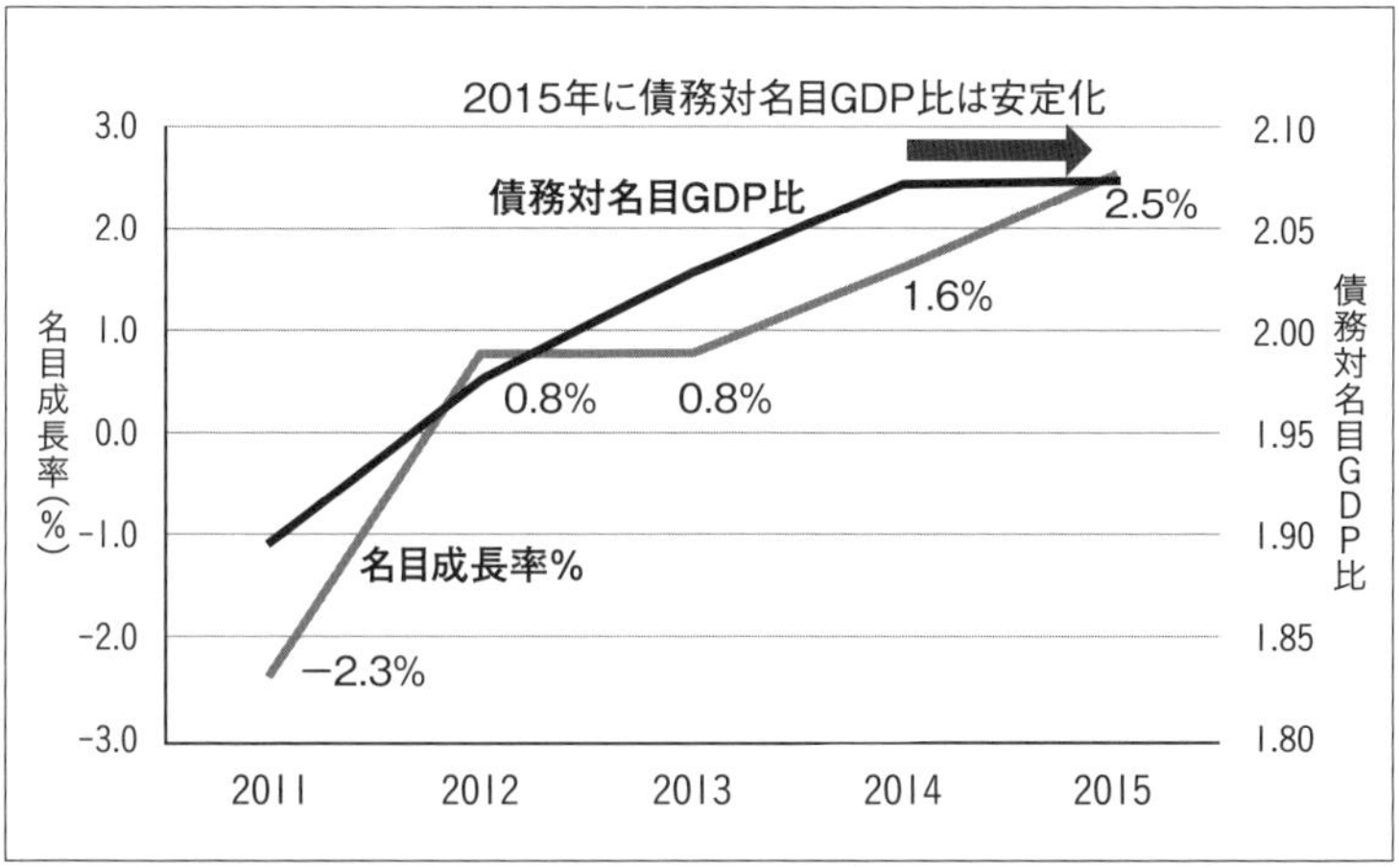

図12　名目成長率が上がったことではじめて、「債務対名目 GDP 比率」が安定化した（最近５年間の「債務対名目 GDP 比率の推移」と「名目 GDP 成長率」）

うに、債務対名目ＧＤＰ比の悪化にブレーキがかかった、という次第である。

　つまり、債務対名目ＧＤＰ比は、ＰＢが赤字であっても「名目成長率」が十分に確保されれば改善する、ということがこのグラフからも明白に示されているのである。

　誠に皮肉な事に、財務省が公表しているデータが、まさにその財務省がこだわるＰＢの黒字化目標がナンセンスなものに過ぎないという「真実」を明らかにしてしまっているのである。

　いずれにせよ、メディアや政府の会議などで「日本はＰＢを国際公約にしているのだから、これを守らないわけにはいかない！」と勇ましく主張する声をしばしば耳にするが、そんな主張は「ナンセンス極まりない」のだ。

だからそういう人物を目にしたときは、その人には次のように言って差し上げてはいかがだろうか。

「だったら、その国際公約なるものをもう一度しっかり、ご自身の目で見て確かめてください。ＰＢなんて下位目標に過ぎず、実際に重要な目標は債務対名目ＧＤＰ比の低減だと、日本は国際公約しているのです。そして２０１５年には、実際にＰＢが赤字なのに、わが国はその上位目標である債務対名目ＧＤＰ比を『安定化』させることに成功しているのですよ！公約公約、というなら、超低金利の今、ＰＢ目標を無視することこそが、国際公約に真に従う態度なのではないですか⁉」

――とはいえ、こう言ったところで、彼らは何の反論もせず、かの東京大学教授のように「累積債務はGDPの2倍を超えている」「財政危機を過小評価しすぎではないか！」という反論とも言えない反論もどきを繰り返すことに終始するのだろう。なんといっても彼らの振る舞いは「理性」ではなく、「デフレ下における社会心理学現象」としてしか説明しえぬものなのだから――。

ただし、もうここまでPBが債務対名目GDP比の改善に貢献していないことが明らかなのだから、債務対名目GDP比を改善するためだ、というタテマエの下で、PBにこれ以上こだわり続けることは、困難なのではないかと、考える。
そうだとするなら、政府は今、例えば次のように宣言すればいいのではないかと、筆者は考えている。

「政府はこれまで、ＰＢを改善することが、わが国の財政再建の最終目標である債務対名目ＧＤＰ比を安定化し、低減する上で必要であると考え、ＰＢ赤字の圧縮と黒字化を目指して参りました。言うまでもなく、ＰＢの改善は債務対名目ＧＤＰ比を改善する上で役立つことは間違いありませんから、これからも、ＰＢの縮減は重要な財政再建目標の一つであることは間違いありません。

一方で政府はこれまで、ＰＢの『黒字化』が債務対名目ＧＤＰ比の安定化のために必要であると認識して参りました。これは、金利と名目成長率が一致するという事を想定して参ったからです。実際、長期的には金利と名目成長率はおおよそ一致する傾向にあるとの認識は、現在においても、政府は持ち続けております。

しかし、今日、異次元の金融緩和を大規模に行っている現状におきましては、金利が大きく低下しているのが現実であります。そして、この状況は当面、変化することはないと考えられます。

そして、これだけ金利が低い状況では、しっかりと名目成長率を確保することができるな

債務対名目 GDP 比の変化

$$= \text{債務}_t/\text{GDP}_t - \text{債務}_{t-1}/\text{GDP}_{t-1}$$

$$= (\text{債務}_{t-1} + \text{金利}_t \times \text{債務}_{t-1} - \text{PB}_t)/\{\text{GDP}_{t-1}(1 + \text{GDP 成長率}_t)\} - \text{債務}_{t-1}/\text{GDP}_{t-1}$$

$$= \{(\text{債務}_{t-1} + \text{金利}_t \times \text{債務}_{t-1} - \text{PB}_t) - \text{債務}_{t-1} \times (1 + \text{GDP 成長率}_t)\} / \{\text{GDP}_{t-1}(1 + \text{GDP 成長率}_t)\}$$

$$= \{-\text{PB}_t + \text{債務}_{t-1}(\text{金利}_t - \text{GDP 成長率}_t)\}/\{\text{GDP}_{t-1}(1 + \text{GDP 成長率}_t)\}$$

ここで、もしも、(GDP 成長率$_t$ −金利$_t$)がゼロ(つまり、GDP 成長率と金利が一致)であれば、「債務対名目 GDP 比の変化」は、PB が正であれば負となり負であれば正となる。ここで、これまでの日本の議論では、「GDP 成長率と金利が一致する」という前提がつけられていたため、債務対名目 GDP 比の減少のためには PB が正でなければならない、と言われてきていた。しかし、今日金融政策のため、金利が限りなくゼロに近い、あるいはマイナスであるにもかかわらず名目成長率がプラスであるという状況が続いている。これは、上記式より、「PB が赤字（負）」でも債務対名目 GDP 比は減少していく、という事を意味している。

図 13　債務対名目 GDP 比の変化

ら、ＰＢの黒字化を達成する以前であっても、債務対名目ＧＤＰ比は改善していくことになるのは明白であります（数学的には図13をご参照ください）。実際、名目成長率２・５％を確保した２０１５年におきましては、ＰＢは13・４兆円の赤字であったにもかかわらず、債務対名目ＧＤＰ比は安定化したのであります。

　したがいまして、これまでの金融政策を継続し、金利が低い水準を続ける間におきましては、政府はＰＢの『黒字化』を通して債務対名目ＧＤＰ比の改善を目指すのではなく、３％程度の名目成長率を確保することを前提として、債務対名目ＧＤＰ比の安定化と縮減を目指すことといたします」

繰り返すが、現状においてすら、日本国政府の最終的な財政再建目標はPBの黒字化なのではなく、債務対名目GDP比の縮減なのである。日本の経済財政運営に直接間接に関わる全ての方々に、この基本的な認識をベースとして、そして、以上に示した何人たりとも否定しようのない諸事実・諸データを基本として、理性的な財政再建のあり方を考えていただきたい。

PB目標を達成するために「緊縮」財政が促され、マーケットでは国債不足となった

以上が、「プライマリー・バランス論」が、如何に正当化し難いものであるかの、基本的な理由である。

しかし、わが国の経済財政政策はこれまで、理性的には正当化し難いこの「プライマリー・バランス論」によって運営されてきたのが実態だ。そうした運営がどのようなものであり、それが一体どのような帰結をもたらしてきたのか——ここではその点を改めて確認することにしてみたい。

現状においてわが国は、2020年にPBを黒字化する、という目標をたてている（その論拠は、そうすることが債務対名目GDP比を削減することができるから、というものであることは先に指摘した通りだ）。

そして、その２０２０年ＰＢ黒字化目標を達成するために、ＰＢの赤字を毎年毎年、縮小していくという年次目標を持っている。

実際、政府はこの年次計画にそって、国債の発行額を毎年毎年縮小させている。

例えば２０１２年は47・5兆円だったところ、２０１３年は40・9兆円、２０１４年は40・5兆円となり、そして２０１５年は36・9兆円と、その発行額は着実に縮小してきている。

言うまでもなく、**これは文字通りの「緊縮」財政そのものだ。**

もちろんその間、先にその概要を紹介したとおり、こうした「緊縮」財政を正当化するための「プライマリー・バランス論」が、マスメディアや各種会合等で様々に流布、喧伝され続けた（だから、多くの国民の耳にも、債務対名目ＧＤＰ比という言葉は届かずとも、〝プライマリー・バランス〟というキーワードが様々な形で届いていたのである）。

しかし、この国債の発行額の縮小は、**至って「不自然」**なものだった。

なぜならこの間、国債の金利は下がり続けていたからだ。それはつまり、国債マーケットで国債不足が年々深刻化していったということを意味している。つまり、政府が国債の発行額を低く抑えるから、国債不足が生じ、金利が低下していったのである。

そして誠に驚くべき事に（それと同時に誠に愚かな事に）、国債が不足しすぎると国債マーケットが不安定になる、ということで、財務省は毎年大量に国債を「前倒し発行」していった、というのは先に指摘した通りである。そもそもの発行額は、前述のように40兆円前後なのだが、前倒し発行額は、それをさらに上回る水準だった。繰り返すが、2015年には実に50兆円近くもの水準に「前倒し発行上限額」を引き上げたのだった。

このように、政府は「国債をさらに発行して欲しい」というマーケットの要望を無視して、「プライマリー・バランスを縮小させる」という緊縮目標を「無理矢理」にねじ込み、無理矢理に国債発行額を縮小させていったのだが――その無理矢理な目標を達成するために行ったのが「消費税増税」だった。

PB目標を達成するために、消費税増税が断行され、景気は低迷することとなった

2014年、わが国の消費税率は5%から8%へと引き上げられた。結果、かつては10兆円強だった消費税収が6兆円程度増え、16~17兆円となった。そして、この増えた税収でもって、国債発行額を低く抑えるようにしたのだ（そもそも政府は、税収と国債発行の合計値で支出していたので、税収が増えれば国債発行額を低く抑えることができるのだ）。

つまり**消費税増税は、国債発行額を低く抑えるために**行われたものだったのである。

あるいは、PBの視点で言うなら、PB目標を達成するための手段として、消費税増税が断行されたのである。そもそもPBとは、歳入と歳出の差を意味するのだから、増税をして

収入を増やせば、ＰＢは改善する、と考えられたわけである。つまり、**ＰＢ改善のために増税が断行された**、という次第である。

ちなみに、金利払いを除外した支出と税収との差額がＰＢというものなのだが、その差額は、実質上、国債発行で補う他ない。したがってＰＢを圧縮するということは結局、国債発行額を抑えるということに等しい。つまり、あっさり言うなら、**ＰＢを改善するということは、国債発行額を減らす、ということを意味している**のである。

実際、２０１５年は前年よりも約４兆円分も、国債発行額が低く抑えられているのは、先に指摘した通りである。

しかしそんな消費税増税によって、わが国の消費が大きく冷え込んでしまったことは、多くの読者が生活感覚で理解しているところだろう。そしてその結果として、わが国の成長率はさらに低減し、デフレ傾向が激しくなってしまったのだ。

図14をご覧頂きたい。

わが国の消費は、デフレ下であっても、そして東日本大震災が起こった後でも、順調に成長してきていた。ところが消費増税が断行されて以降、凋落の一途をたどり、たった2年で6・7兆円も縮小してしまった。ＧＤＰの最大の構成要素はこの消費であるから、**消費増税は事実上、6・7兆円ものＧＤＰ縮小効果を産み出してしまったのである**。ちなみに誰かの消費は誰かの所得だ。だからこれは、消費税増税で日本人の所得が7兆円弱も縮小した事を

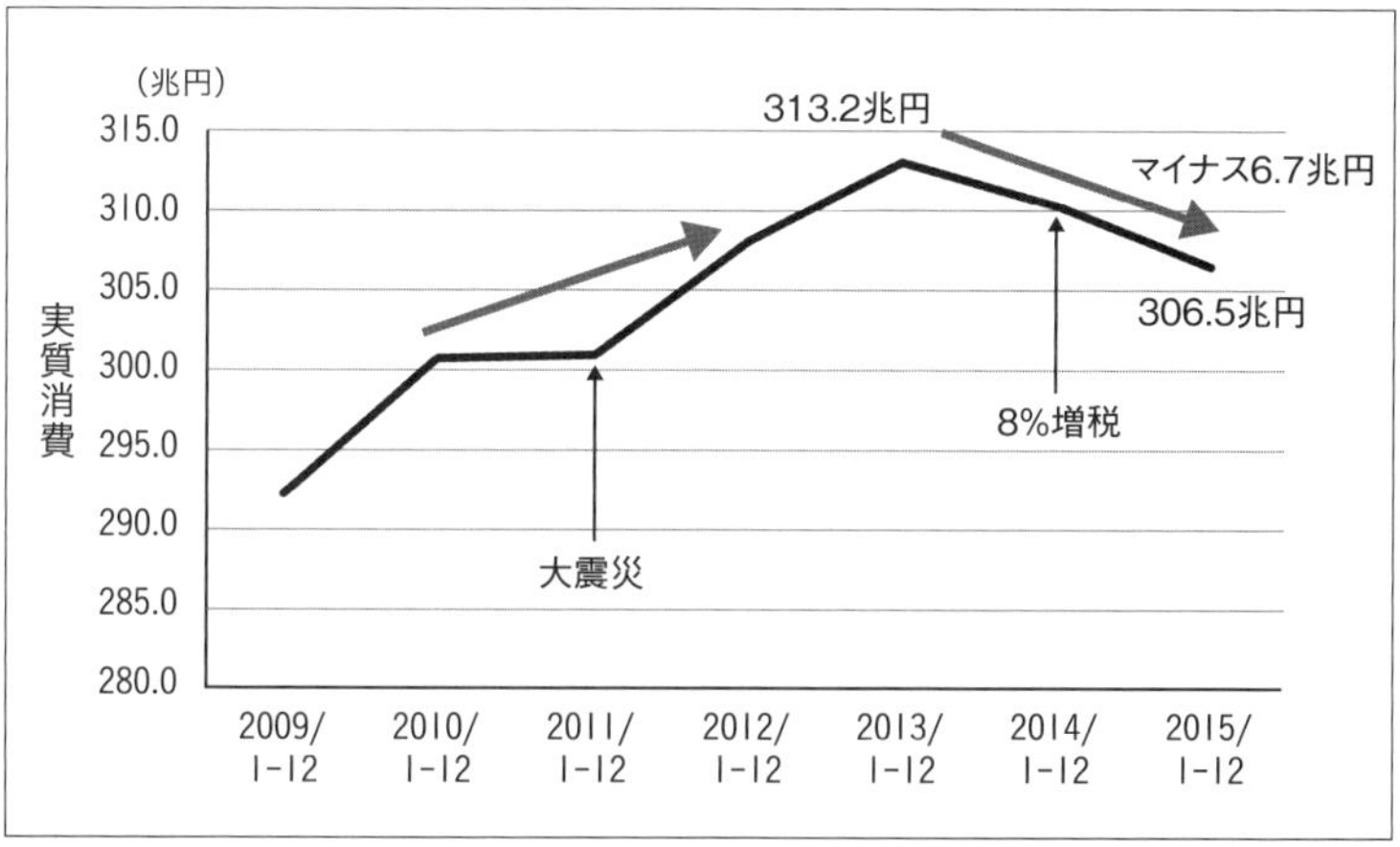

図14　大震災でも伸び続けていた実質消費が消費税増税を機に落ち込んでいく

意味している。これはつまり、日本の労働者一人当たり、約11万円も所得が減ってしまった事を意味しているのだ。

つまり――以上のプライマリー・バランスを巡る話は、まとめると次のようなものなのである。

デフレ下で「緊縮」主義が社会の隅々まで深く浸透してしまった、という社会背景の下、その影響力が大きくなった政府の財政当局は、その「緊縮」というイデオロギーの下、日本が資本主義である以上、デフレ下では増えていくのが「当たり前」の国債発行額を、「無理矢理」低く抑えるために、プライマリー・バランスという目標を「無理矢理」にねじ込んだ。その際、金利と名目成長率は一致する、という現状では全く正当化できない非現実的な仮定を前提とするという「無理」（あるいは

〝ウソ〟）が通されてしまった。

そしてそれを達成するという名目で消費増税が行われ、国債発行額が実際に約4兆円縮小されることとなった。

しかしその代わりに、我々日本国民は、消費を7兆円規模で縮小させるという大きな代償を払うこととなってしまった。

しかも、国債発行額を低く抑えた事で、国債マーケットは不安定化し、それを安定させるために、まるで横車を押すように、50兆円規模にまで「国債の前倒し発行」を拡大させるという不自然極まりない振る舞いが横行するようになってしまった——。

はっきり申し上げれば、筆者にしてみれば、この話は「滅茶苦茶」な話としか言いようがない。

比喩で言うなら、乳飲み子が乳をくれと泣き叫んでいる中（＝国債の低金利状況の中）、無理矢理、乳をやる量を減らし（＝増税をして国債発行額を縮減し）、赤ちゃんの体調を悪くさせると同時に（＝国債マーケットが不安定化し）、自分も体調を崩してしまっている（＝消費が7兆円規模で縮小する）というようなものだ。そして、体調を崩した赤ちゃんを守るために、かつて搾り取っておいた自らの母乳をほ乳瓶であげている（＝国債を50兆円規模で前倒し発行する）——という情けないオマケまで付いてしまっている。

これほど愚かで、しかも不道徳な話は、ない。

民主党菅直人政権の「負の遺産」としてのプライマリー・バランス目標

それでは、このようなプライマリー・バランス目標は、どのような経緯でもって、わが国に導入されたのだろうか？

結論から申し上げると、それは、安倍内閣の前政権である「民主党政権」下で、菅直人元総理の判断で、導入されてしまったのである。

以下、その詳細を解説しよう。

もともと、財政再建の議論は、バブルが崩壊した頃から盛んに行われるようになっていった。そして、1997年の橋本龍太郎政権下で、「財政構造改革法」が成立し、2005年まで赤字国債を削減していく、という目標が掲げられた。しかし、デフレ下ではそうした緊縮財政を進めることはデフレを促進することになる、という、本書でこれまで何度も紹介した議論が当時も指摘され、翌98年にはその目標が凍結されることとなる。

しかしながら、デフレが進行するなか、「緊縮」主義がますます社会的に浸透し、2002年の小泉内閣において、PB目標が導入され、「10年でPBをゼロにする」という事が閣議決定されるに至った。

以後、それからの5年間、２００７年までＰＢ赤字を削減するための緊縮財政が徹底的に推進されていく。そして、5年で「五分の一」の水準にまで大幅削減されていくわけである。なおその間、徹底的に削られたのが「公共投資」であり、おおよそ3割程度、削減されることとなった。

しかし、「当然の帰結」としてデフレは深刻化し、経済成長ができなくなっていった。その結果、ＰＢ赤字は五分の一にまで大幅に改善していたにもかかわらず、債務対名目ＧＤＰ比は改善するどころか逆に6・6％「悪化」してしまった。

そんな中、２００８年リーマンショックが起こり、景気が大幅悪化してしまう。この状況で経済を立て直すには緊縮ではなく「積極」財政しかあり得ない――という事が再び指摘され、麻生内閣にて、ＰＢ目標は事実上撤回されることになったのであった。

こうした紆余曲折を経て、わが国からＰＢ目標という「楔《くさび》」（あるいは毒矢）は抜き取られていたのだが――２０１０年、民主党政権の菅内閣において、ＰＢ目標を再導入する事が閣議決定されてしまう。

その背景には、民主党政権が誕生した選挙の際に民主党が掲げた「不合理なマニフェスト」があった。このマニフェストはそもそも合理性を著しく欠くものであったことから、それを無理矢理進めようとすると、財政が野放図に拡大してしまったのである。もちろん、そうした点は当時の野党（自民党、公明党など）から徹底的に批判されることとなる。そしてそんな批判をかわすために、当時の菅直人元総理は、政府の財政当局がもちだした「プライマリー・バランス論」に乗っかり、PB目標を政府内で再び復活させてしまったのだ。

なお、菅直人氏は、典型的な「日本破綻論者」であり、総理になってからも「日本はこのままではギリシャの二の舞になる」と連呼し続けた。だから、日本破綻論のベースの上に築き上げられている「プライマリー・バランス論」をころりと信じてしまったのも、当然の成り行きだったのだ。

そして、彼はあろうことか、「2020年にPBを黒字化する」という事を閣議決定してしまった。

ちなみに、民主党政権は、彼らの在任中、PBを12%「改善」させたのだが、債務対名目GDP比を13%「悪化」させた、というのが実態だった。ここでもまた小泉政権と同様、PBを改善させるために政府支出を減らしたことでGDPが悪化、結果、債務対名目GDP比は見事に悪化してしまった、という次第である。

そして――この菅直人氏が行った閣議決定が未だに、安倍政権にのしかかっている、というのが実情なのである。

いずれにしても、「閣議決定」というのは、仮に前政権のモノであったとしても、重くのしかかるものなのである。安倍総理はいまだ、この菅直人がぶち込んだ、客観的な立場から見れば「不合理」でしかないプライマリー・バランス目標という「負の遺産」の呪縛から逃れられない状況にいると解釈せざるを得ないのである。

スティグリッツとクルーグマンは、プライマリー・バランス等の財政制約を徹底批判した

以上、プライマリー・バランスという呪縛でもって無理矢理に緊縮財政を展開しようとすると、その国の経済は激しく傷ついてしまう、という構造について述べたが、これと同様の事はもちろん、如何なる国でも起こりうる。

実際、スティグリッツは、かの官邸での分析会合で、「財政赤字に対する厳重な制約」は「失敗」を導いてきたことを繰り返し強調している。そしてその上で彼は、そういう「緊縮財政をやめる」ことこそが、「この道しかない」というべき、唯一の正しい方針である、ということを主張した。**すなわちスティグリッツは事実上、プライマリー・バランスに基づいて緊縮的な財政を運営することを批判し、「止めるべきだ」と主張しているわけである。**

クルーグマンもまた、全く同じ趣旨の内容を、同会合で指摘している。彼は次のように発言している。

「2%インフレの達成に比べれば、2~3年間の財政収支の事なんて、全く問題じゃない[*40]」

先の章でも指摘したように、彼はデフレを終わらせ、インフレ基調に経済をもっていくために、徹底的に財政支出を拡大し、デフレから脱出できる「脱出速度」を出すことを強く推奨している。したがってこの指摘は、デフレ脱却という目的のためなら、財政赤字のこと（つまりは、プライマリー・バランスの水準）なんて、何も気にするな、と指摘しているのである。

つまりクルーグマンは事実上、プライマリー・バランス目標を設置していることそれ自身を、徹底的に批判し、それを撤廃せよと主張しているわけである。

さらに彼は、日本国債の金利が現状において超低金利であることを踏まえ、次のようにも発言している。

「実際、現状は『低金利』なのだから、『現時点での借金問題』なんかよりも、将来、デフレが続いているのか否かという問題の方が遥かに重要なのだ。だから、今は、財政収支なんて気にするような状況じゃないんだ」[*41]

＊40 "you need to achieve that it（インフレ率2％以上となる、の意）. Compare with that goal what the budget balance is over the next two or three years is of much less importance."

＊41 "In fact, the low interest rates right now mean that the weight of the future position which depends upon breaking out of deflation is much higher compared to the current budget. I would say, this is not a time to be worried about the fiscal balance."

金利が低いということは、将来の利払いはほとんどない、ということだ。だから、現時点での借金問題は後々たいした事にはならない、ということである。一方で、将来デフレが続けば、税収も大きく縮減することになる。これは文字通りの「大ごと」だ。だから、借金の多寡だけで考えても、「現時点の収支を考えて支出を削り、デフレが放置される」よりも「現時点での収支など考えず、ガッツリと財出を行い、デフレを完全脱却する」方が圧倒的に合理的なのである。

例えば、30兆円規模の（3ヵ年の）財出でデフレが終わるなら、GDPが成長基調となり、デフレが放置されている状況よりも平均で毎年10〜20兆円、あるいはそれ規模で税収が増えていくことになるだろう。そうなれば、10年、20年で合計数百兆円規模の増収になる。そんな巨額の増収を、たかだか30兆円の短期支出を「ケチる」事で失うとすれば、それは愚か者の行為と誹られても致し方ない。企業で言うなら、投資すれば合計で数億円規模の収益増が分かっていながら、数千万円の借金をする勇気が持てないために何もしないようなものだ。このような愚かな企業が競争に勝ち残れる筈は断じてない。クルーグマンが指摘しているのはまさにこの自明の真実なのである。

ギリシャとアルゼンチンを破綻させたのは、プライマリー・バランス目標だった

ところで、G20には、日本以外にPB目標を正式に掲げた国家はなかったのだが、世界には、少なくとも筆者の知る限り、PB目標を正式に掲げた国が二つだけある。

ギリシャとアルゼンチンだ。

このPB目標を掲げた二つの国が、PB目標を真面目に達成しようとしてどのような末路を辿ったのか――それを知ることは、わが国が今のままPB目標を撤回せず、そのまま持ち続けたとすれば一体どうなってしまうのかを占う際に、非常に重要な意味を持つに違いない。

まずはアルゼンチン。[*42]

彼らは、1980年代、経済が大混乱状態に陥ってしまった。これを立て直すために、1990年代初頭にIMF（国際通貨基金）等に救済を依頼した。交渉の結果、彼らはめでたく大量の資金「融資」を受けることとなった。ただしこの時IMFは、救済措置と引き替えに2003年度までにPBをゼロにすべし、という要求をアルゼンチンに突きつけた。アル

＊42　参考文献：細野健二・塩野健一郎「アルゼンチン――経済危機とマクロ経済安定化への道のり」（国際協力銀行、2005）、細野昭雄「アルゼンチンの経済改革と通貨危機」（神戸大学経済経営研究所No.62、2002）

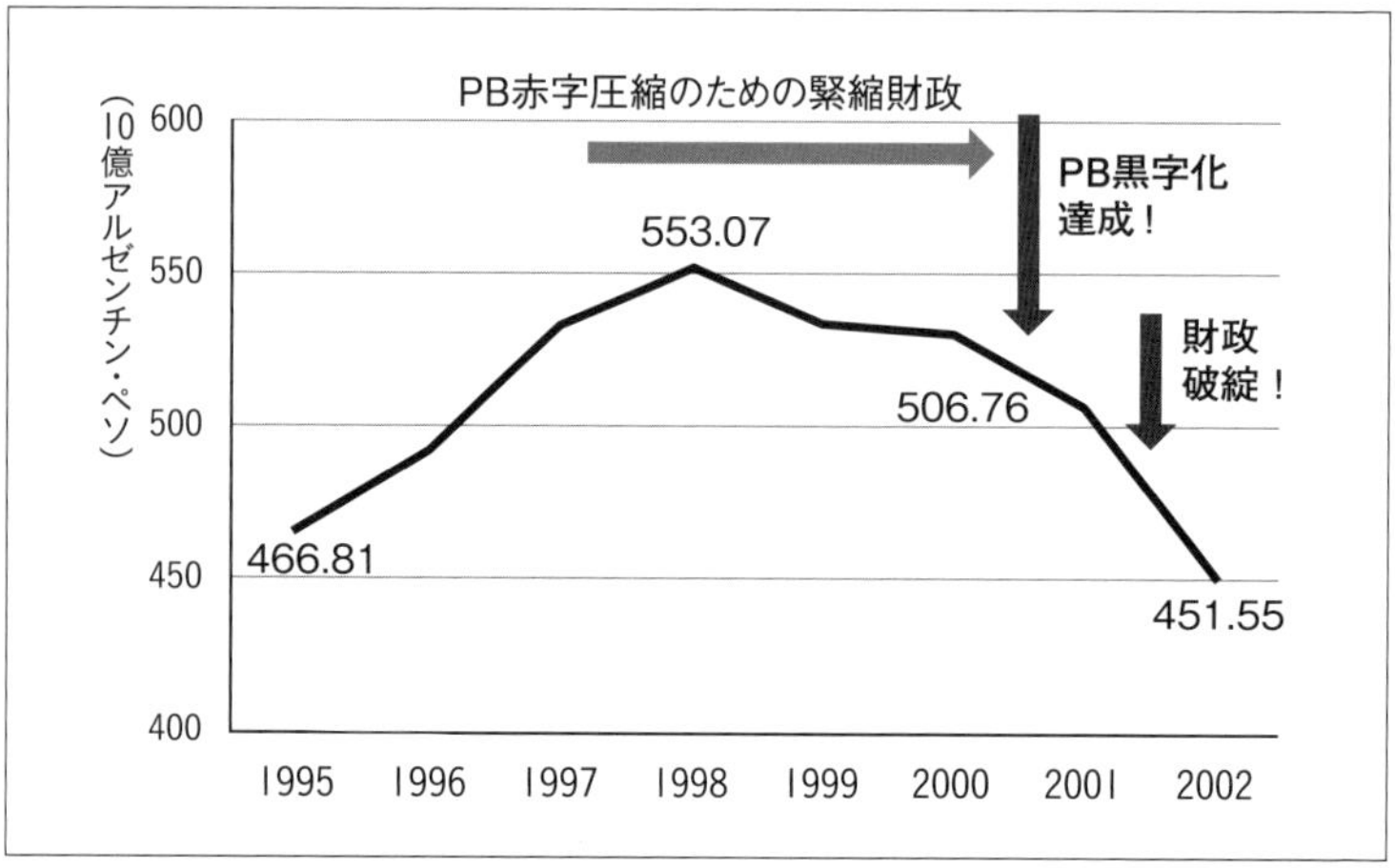

図15　アルゼンチンの実質GDPの推移

ゼンチンはこれを了承。ＩＭＦ等から借りたカネを返すべく、ＰＢを黒字化させるために、賢明に緊縮策に取り組んだ。

その後、彼らはめでたく目標年次よりも２年早い、２０００年にＰＢ黒字化を達成した。しかし、悲劇は起こってしまった。

ＰＢを黒字化するために、アルゼンチンは過激な緊縮財政を推し進めたのだが、その結果、景気が悪化していった。図15をご覧いただきたい。１９９８年までは、順調に成長していたのだが、「２００３年のＰＢ黒字化」という、ＩＭＦからカネを借りるためにせざるを得なかった「約束」を果たすため、徹底的な緊縮を図り、その結果、98年をピークに、マイナス成長になっていく。

ただしそうした徹底的な緊縮によって、２００１年の１月にはＰＢを約束通り黒字化さ

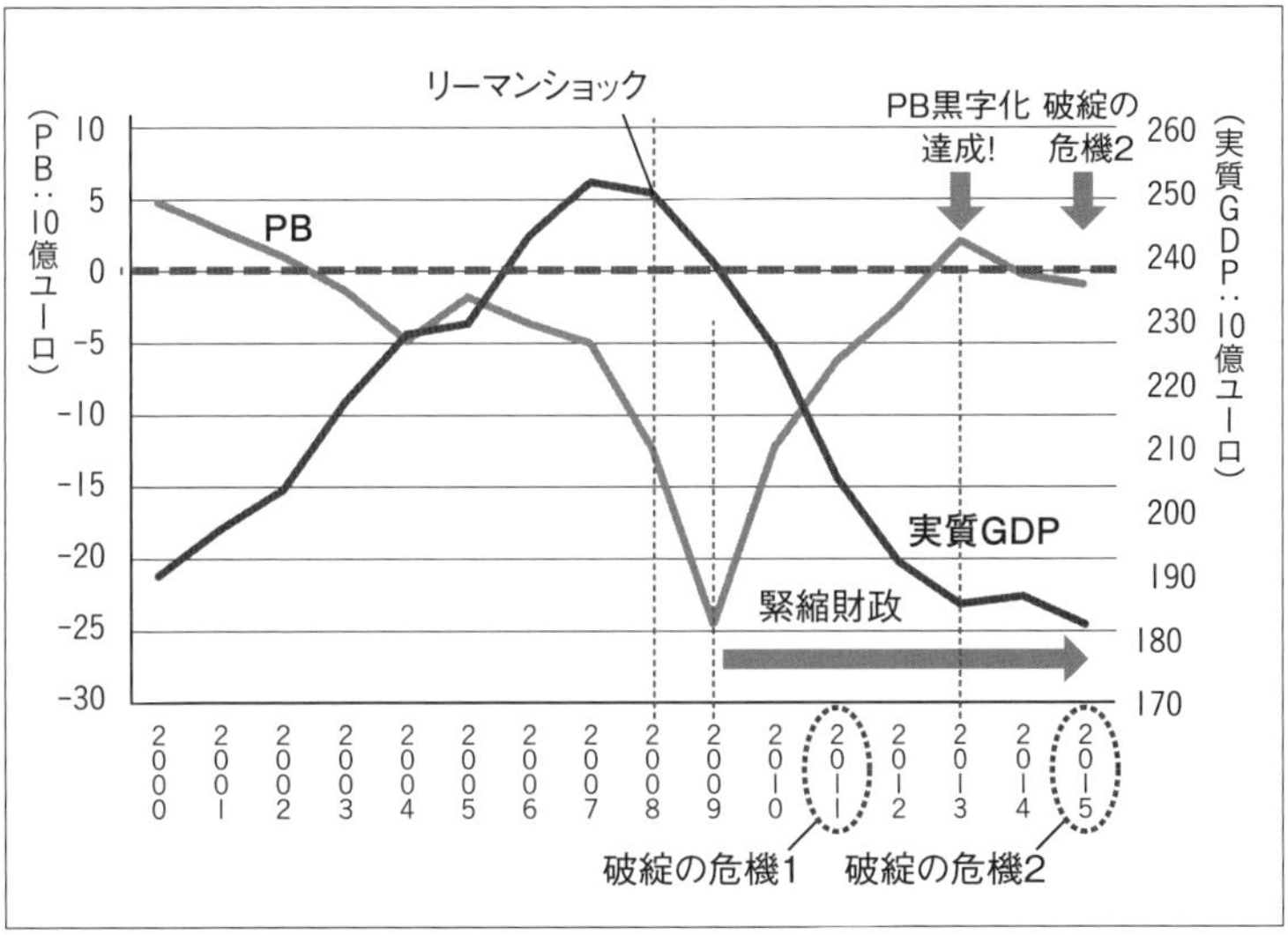

図16　ギリシャの実質GDPの推移

せることには何とか成功する。しかしその頃には、アルゼンチン経済は衰弱しきった状態となっていた。結果、経済は税収が大幅に減少、ますます財政は悪化し、最終的にはＰＢを黒字化した２００１年の暮れ、ついに対外債務が履行できなくなったのである。要するに、アルゼンチンは「デフォルト」「財政破綻」の状態に陥ってしまったのである。

つまり、アルゼンチンはＰＢ目標を掲げた徹底的な緊縮策を展開した結果、景気が悪化、ＰＢ黒字化を達成した直後に「破綻」してしまったわけである。

これとほとんど同じ経路をたどったのが、昨今世界を騒がせてきたギリシャであった。

図16には、ギリシャのプライマリー・

バランスと、実質GDPの推移を掲載している。

ギリシャは、2008年のリーマンショックまでは、経済は順調に拡大していた。PBも健全な水準だった。

しかし、リーマンショックで状況は一変。経済は大きく傷つき、2009年にはGDPは大きく下落した。そしてPBは一気に悪化し、GDPの1割程度の赤字となってしまった。

ギリシャ政府はこの問題を乗り切るために、IMFらに融資を依頼。調整の結果、ギリシャは融資を受けることができたのだが、アルゼンチンと同様に、徹底的な「緊縮」財政を約束させられてしまう。そして緊縮路線を着実に展開するようにギリシャ政府には「PBの黒字化目標」(対GDP比1・5%の黒字目標)が押しつけられることとなる。

その後ギリシャ政府は、致し方なくPBの黒字化を目指すために、「増税」と「財出カット」を繰り返していった。おかげでPBは年々改善していった。が、肝心のGDPの方は年々悪化していった。この経緯もまるっきり、アルゼンチンと同様だ。2011年にはデフォルト(債務不履行)の危機が一旦訪れるが、「部分的なデフォルト」でそれを何とか切り抜ける。しかし、ギリシャ政府はIMFらとの約束を守るべく、さらに緊縮路線を継続していく。

そして2013年、ギリシャはめでたくPB黒字化を達成する。

しかし、その頃にはGDPは四分の一も毀損してしまっていた。そして、失業率も平均で

26%以上、若年層に至っては60%以上となってしまった。しかも、結局はその翌々年の2015年、返済期限が訪れることで再び破綻の危機が訪れ、実質的に破綻してしまう危機に直面することになったことは、多くの読者もご記憶ではないかと思う。

すなわち、ギリシャも結局アルゼンチンと同様に、PBを黒字化するという目標を掲げ、増税と財出カットという徹底的な緊縮財政を展開し、その当然の帰結として経済を悪化させ、財政をさらに悪化させ、実質上の「経済破綻状態」へと追い込まれてしまったのである。

つまり、経済危機に陥った国に対して、無理矢理PB目標を押しつけてしまえば、危機が悪化し、景気は低迷、実質的な経済破綻状態となってしまうのである。PB目標などというのは、危機に陥った国家にしてみれば、その体力を奪い続ける、恐ろしい「毒矢」のようなものに他ならない。それは、先の節にて述べた「理論的」な考察に基づいても、ギリシャやアルゼンチンから学ぶ「歴史の教訓」に基づく考察からも、明々白々な事実だと言わざるを得ないのである。

「PB黒字化目標」が「均衡財政」を阻み、さらに景気を悪くさせている

このように、PBを改善しようと考えることは、少なくとも経済状況が良好でないギリ

シャやアルゼンチン、あるいは、バブル崩壊後、デフレに陥っている日本においては、百害あって一利なし、としか言いようがないものではないかと思えるのだが、その最も典型的な議論が、次のような議論である。

「財政制度等審議会（財務相の諮問機関）は15日の分科会で、海外の財政制度の調査結果を公表した。税収の上振れ分は将来の財政出動に向けて債務削減に回すべきだとの見解をまとめた」[*43]

これは日経新聞2016年4月15日に掲載された記事「税収上振れ分、債務削減に回すべき　財制審分科会」の一部だが、全く同じ日の日経新聞に、次のような記事も掲載された。

「政府の経済財政諮問会議（議長・安倍晋三首相）の民間議員が18日の会合で示す提言がわかった。……税収の上振れ分は特殊要因を除けば『税収の底上げに相当する』として主要政策の財源にすべきだと示唆した」[*44]

これら両記事はいずれも「税収上振れ分」についてのものだ。この「税収上振れ分」とは、当初見込んでいた税収の見込額よりも、景気が良いために余分に入ってきた税収分だ。これについて、前者の「財務省」の会議では「借金返済に回せ」と決議し、後者の「官邸」の会議では「主要政策の財源として使うべし」という意見が提出されたという次第である（ちなみに、この財務省の会議の座長は、筆者が日経で討論した、日本を代表する日本破綻論者の論客、吉川洋元東京大学経済学部教授である）。

どちらの提言が日本経済にとって望ましいのかと言えば、ここまでの議論を読み進めてこられた読者各位においては、改めて指摘するまでもなく、即座にご了解頂けるだろう。前者は経済を縮小させ、後者は経済を拡大させる他ないのである。

この点について、「だめ押し」の議論として、例の官邸での国際分析会合においてスティグリッツが主張した次の議論を紹介しておこう。

「均衡予算乗数は、増税と歩調を合わせた支出拡大が経済を刺激することを示唆している」

「今のＧＤＰと将来のＧＤＰ、いずれも増加させるように税収と投資を歩調を合わせて増加させていくということが均衡予算乗数の教え」

要するに、スティグリッツは税収が増えたのなら、それをしっかりと「支出」することで

＊43 「税収上振れ分、債務削減に回すべき　財制審分科会」（日本経済新聞、２０１６年4月16日）
＊44 「諮問会議民間議員『税収上振れ分、主要政策の財源に』」（日本経済新聞、２０１６年４月16日）

景気が拡大し、GDPが現時点においても、そして将来においても増えていくのだ――と論じているのであり、これは明確に、財務省の財政審の提案ではなく、諮問会議の民間議員の提案を強力にサポートしている。

この彼の議論をより明確に理解して頂くために、彼が**「均衡予算乗数」**と呼んだものが一体何なのかについて、簡単に解説しておこう。これは、「均衡財政乗数」と呼ばれるものだが、要するに、「均衡財政」を行った場合の「乗数」を意味している。

まず、**「乗数」**というのは、ある政府の取り組みを行った時、それによってどれだけGDPが増えるのか、を示す数値だ。最もシンプルな乗数は、例えば1兆円の財政政策を行った時GDPが2・5兆円伸びたとすれば、その時の乗数は「2・5」ということになる。

一方で、**「均衡財政」**（あるいは、均衡予算）というのは、「税収の上振れ分を、そのまま使う」という財政原則を言う。つまり、1兆円の増税を行うと同時に、その1兆円を財政出動する、という原則だ。

そして、「均衡財政乗数」とは、この「均衡財政」を行った時に、GDPがどれだけ増えるのか、という数値を意味する。

ここでもしも、「1兆円の増税を行うと同時に、1兆円を使ったとすれば、プラマイ0となってGDPが増えない」のなら、均衡財政乗数は「0」となる。そして、それによってGDPが「1兆円増える」ならその乗数は「1」となり、「2兆円増える」なら「2」となる。

ただしこの乗数は、状況によらず、常に「1」になる、ということが極めてシンプルな証明から明らかにされている。つまり、例えば「2兆円」税収が増えたのなら、それをそのまま使えば「2兆円」GDPが拡大することが知られているものである。[*45]

この「均衡財政乗数」の議論を踏まえると、「財務省の財政審」が主張する「税収上振れ分を全て借金返済に回す」場合と、「官邸の諮問会議の民間議員」が主張する「税収上振れ分を支出する」場合とで比べれば、後者の方が「GDPが大きくなる」のは明白だ。[*46] そもそも支出すれば、その分GDPは拡大する、という点を考えるだけでも、それは明らかである。

もちろん、PBの点で言うなら、借金返済に回す財政審の決議の方が、支出に回す諮問会議民間議員の提案よりも「得策だ」という判断となる。その方がPBの赤字は減るからだ。

しかし、「債務対名目GDP比率」の視点から言うと、その判断は真逆になる。

以下、その試算を紹介しよう。

＊45 ただし、この証明にはもちろん前提がある。それは、税収を取ることのマイナス乗数で想定される消費性向と、財出によるプラス乗数で想定される消費性向が等しい、という前提である。

＊46 例えばその上振れ分が「2兆円」だとすれば、財政審の主張通り借金返済に回せば、GDPは何もしない場合（税収を2兆円取らない場合）に比べて、確実に2兆円以上景気が悪化することになる。一方、諮問会議の民間議員の主張通りにその2兆円を使った場合は、何もしない場合に比べて（均衡財政乗数が1であるため）「2兆円」GDPが拡大することになる。したがって両者は、最低でも「4兆円」の差が生ずることとなるのである。

まず、税収の上振れ分が仮に2兆円だと考えよう。そして、この2兆円を徴収した上でのGDPが現時点で実現していると考えよう。この場合、「借金返済に回した場合」には、GDPは変わらず、債務だけ2兆円縮小することになるのだが、その場合の債務対名目GDP比は、実データに基づくと「2・070」となる。

一方、「支出に回した場合」には、債務は変わらず、GDPが少なくとも現状よりも4兆円増えることになる。[*47] この場合の債務対名目GDP比は、最大でも「2・057」となる。[*48]

これは、「借金返済に回した場合」よりも小さく、したがって「より望ましい」水準だ。すなわち現状においては、税収上振れ分を「借金返済」に回して「分子」を小さくするより、「支出」に回して「分母」を大きくする方が、債務対名目GDP比は「改善」されるのである。

これは、債務対名目GDP比が2・0前後の現状においては、債務を減らして分子を小さくする努力をするよりも、GDPを拡大して分母を大きくする努力を図る方が、より効率的に(2倍の効率性で)債務対名目GDP比を改善していくことができるためである。大まかに言って、分母を「1兆円」改善するのと同等の効果を、分子の縮減で達成するためには「2兆円」の改善が必要だ。つまり現状では、GDP拡大の方が借金返済よりも、「2倍」の効率性で債務対名目GDP比を改善していくことができるのである。

そうである以上、財務省・財政審の決議は、債務対名目GDP比を下げるべしというわが国のG20における国際公約については「違反」する決議となっていると解釈可能なのであり、諮問会議の民間議員が主張する「支出に回すべし」という主張の方が、公約に沿っているのである。つまり「PB改善」という「下位目標」に囚われていては、より上位目標の「債務対名目GDP比率の改善」というもっと大切な「上位目標」を悪化させてしまうという愚かな判断を導いてしまうのである。

以上、数字を使って解説したので、少々ややこしく感じられた読者もおられるかも知れない。

しかし、PB目標というものはそもそも財政健全化のために導入されたものであるにもかかわらず、上記のような分析に基づいて考えるならば、当の「財政健全化」にとってすら不合理な目標なのだ、という点だけはご理解いただけるのではないかと思う。つまり、PB目標というものは、デフレ脱却や経済成長の障害となっているだけではなく、**財政健全化を目指している人々にとってすら不合理な障害となる代物なのである。**

そうである以上、PB目標は、経済成長や国民の福利厚生、さらには「財政再建」にすら関心を持たずに、ただただ機械的に財政赤字を減らし、発行する国債量を減らすことにのみ

＊47　註46を再度参照されたい。
＊48　実際には消費性向がそれなりにあれば、これよりもさらに小さい水準となる。

一意専心する奇特な人々にとってのみ大切にされるものと考えて、差し支えなさそうである。つまり、まさに国益に一瞥もくれぬ単なる「金庫番」の発想――それがPB目標という（グローバルスタンダードではどの先進国も目標に掲げることを忌避し続けている）珍妙な代物なのである。そしてそのような珍妙な代物がこれだけ幅をきかすことができるのも、緊縮「主義」が圧倒的な力を持つデフレという社会現象なのである。

第5章

「出口戦略」と「ワイズ・スペンディング」

現実は「日本破綻論」や「プライマリー・バランス論」よりもう少し「複雑」にできている

本書ではこれまで、多くの人々が素朴に信じている「日本破綻論」や「プライマリー・バランス論」が、如何に間違いや誤解に塗れているかを指摘してきた。そしてその背後には、人々がデフレ時代には否応なしに陥ってしまう、「緊縮」イデオロギーが正しいと素朴に信じ込む社会心理学的状況があることを指摘した。

とはいえ、人間は「完全に誤ったもの」を信ずるということはない。人間が信じ込んでしまうウソ話の特徴は、その話の中に一つや二つホントの事が混じっていたり、それが正しいケースもあり得るという風に、一部に「真実」が混入している場合に、人は「コロリ」と騙されてしまうのである。

例えば「日本破綻論」が言うような状況に陥っている政府も確かにあることはある。例えば、ギリシャがそうだし、自治体で言えば夕張もまたそのような例だ。つまり「日本破綻論」は完全なウソ話、というわけでもないのだ。しかしそれは今の日本には到底当てはまりようがない——というのがこの話のミソなのだ。

そしてこの「日本にどう当てはまりようがないのか」という点を理解するには、金利や政府による通貨発行権、さらには資本主義におけるデフレ現象とは一体何なのかといった諸点の理解が求められる。そしてこれらはいずれも、必ずしも常識的に知られた諸事項ではない。つまり「日本破綻論の虚構性」は、夕張やギリシャが破綻しました、という事実よりも少々理解するのに骨が折れる問題なのだ。

同様に「プライマリー・バランス」論も、一面において正当性がある。確かに毎年赤字ばかり出して借金が膨らみ続けるというのは必ずしも望ましい事態ではない。しかし、デフレ状況ではPBが赤字化しても債務対名目GDP比が改善していくこともある、というのが実態なのだ。だから必ずしもPBの黒字化だけを目指していては、経済が失墜し、さらに状況が悪くなってしまう、ということもあるのである。ただし、「赤字を減らせば良い！」というイメージを理解するより、金利や名目成長率、さらには名目GDPとPBという四つの変数のややこしい関係を理解する事の方が困難であることは間違いない。

つまり、世の中というのは往々にして、「誰にでも分かる単純なお話」よりは、少しだけややこしく出来ているのだ。それは大人の世界は、子供がイメージする世界よりももう一回りだけ複雑だ、ということと同じだ。そしてそんな大人の世界を、子供のイメージそのままで運営しようとすれば大やけどする――というのはよくある話だ。日本破綻論やプライマリー・バランス論を頭から信じ込んでいる人々は、そういう誤りを犯しているのである。

PBの黒字化を達成したいのなら、PBを忘れて「経済成長」を目指すことが肝要

さらに、プライマリー・バランスと経済成長の間には、次のような当たり前の関係も存在しており、これがさらに話をややこしくさせてしまってもいる。

それは、「景気が良くなればプライマリー・バランスの赤字額は縮小し、最終的に黒字になる」という当然の関係だ。

実際、80年代後半前後、日本はPBが黒字だった。好景気のため、消費も所得も法人収益も全て良好な水準だったから、政府がどれだけお金を使っても、それを上回る税収が政府に入ってきた。つまり、景気が良ければ確かに財政は健全化し、PBも黒字化するのだ。

だから、「プライマリー・バランスの黒字化目標」というのは、それ自身間違った目標ではないし、確かに健全財政の証でもある。経済を成長させ、税収をしっかりと上げ、それを通してPBを黒字化する、という事を目標に据えるのは、至って正当だとしか言いようがない。

しかしだからといって、「プライマリー・バランスが黒字でさえあれば、それでいい」とは断じて言えないのだ。それが「自然」に達成されたものならいざしらず、「緊縮をやって、人工的に無理矢理達成したプライマリー・バランス黒字」なら、それは健全性の証でもなん

でもない。

経営が順調な会社が自然に計上する「黒字10億円」と、つぶれかけの会社が、手持ちのなけなしの資産を売っ払い、優秀な古い社員を片っ端からクビにしながらどうにかこうにか計上した「黒字10億円」とでは、全く意味が違うのだ。後者のような会社の黒字10億円など、その会社の健全性の証拠でも何でもない。むしろその黒字10億円は、「不健全さ」の証ですらある。

だから、日本はPBを縮小し続けた小泉政権や民主党政権下では、債務対名目GDPは「悪化」したのだし、ギリシャやアルゼンチンはPBを黒字化した途端に、実質的に「破綻」してしまったのだ。

つまりPB黒字化にも、**「成長によって自然ともたらされる健全なPB黒字化」**と**「無理矢理の緊縮によって不自然に作りあげられる人工的なPB黒字化」**の二種類がある、ということなのである。だから後者を決然と回避し、前者を目指すのが国家のためなのだ。

——ということはつまり、以上の議論は次の事を意味している。

PB黒字化を果たしたいのなら、PBそれ自身を目指すのをやめ、持続的に成長していく経済こそを目指せばよい。PB黒字化を目指した瞬間に景気は悪化し、そしてPBそのものも悪化していく。それはちょうど、「モテたいのなら、モテることとそれ自身を目的としてはならない」「幸せになりたいのなら幸せになることとそれ自身を目的としてはならない」という教訓と同じ構造にある。モテたかったり幸せになりたければ、素敵な人間になってまっとうな人生を歩もうとする以外に道はない。まさに、この世は「王道」が基本なのだ。

これこそ、「成長なくして財政再建なし」の精神だ。この精神で経済財政運用を果たすのなら、PBを目標にあえて掲げないことが、PB黒字化の最善最短の道なのだと理解することが求められるのである。少なくともデフレ下ではPBは、「直接的に達成する事を意図する目標」でなく、「成長の証」として事後的に与えられる「間接的な目標」と捉えるべきなのだ。ただし、黒字となりがちなインフレ時にPBに大きな赤字が出ているとすれば、それは過剰出費である可能性が高い。すなわち、PBはデフレ時でなくインフレ時においてはじめて意味を持ちうる指標なのである。

今、日本では、「緊縮」主義が退潮し、「積極財政」の風が吹き始めている

このように、わが国では「日本破綻論」や「プライマリー・バランス論」は長い間大きな力を持ち続けてきたのであるが、スティグリッツやクルーグマンの提案を潮目として、その状況が急激に変わりつつある。「日本破綻論」や「プライマリー・バランス論」の視点から見るなら「道徳的」とされるPB目標を破壊し、日本を破綻させる「悪の象徴」に過ぎない

と見なされてきた「財政政策」「財政拡大」こそが、今、求められている最も必要な経済政策だという認識がにわかに拡大しつつある。実際、ひところ至る所で喧しく喧伝され続けた「日本破綻論」を口にする人は随分と少なくなった。さらにそれに伴ってPBを金科玉条のようにあがめ奉る「プライマリー・バランス論」も随分と鳴りを潜めつつある。そしてその代わりに、にわかに「財政出動の必要論」が世論において趨勢になりつつある。

緊縮的な政策提言を行うことも少なからずある日本の経団連の会長が「財政出動を伴った景気対策が必要」と主張し[*49]、同じく緊縮的な政策提言がこれまで主流でもあった内閣府主催の経済財政諮問会議でも「実質金利の低下活用し公共投資促進を」という提案が民間議員からなされるに至っている。[*50] そして、マーケット関係者を対象に行われている市場心理調査では、様々な景気対策の中でも「財政支出の拡大」が最も有効な施策であるという結果となっている（図17、2016年4月）。なお、この調査で第2位の所得減税、消費増税の延期は共に、「減税」を意味するものだが、これもまた理論上は「財政政策」そのものだ。財政政策というのはそもそも、「政府→民間」へと資金を注入することを意味する。一方、増税というのは「民間→政府」へと資金を吸い上げる政府決定を意味する。したがって、その逆の減税も

＊49　「経団連会長『財政出動を』」（朝日新聞、2016年3月23日）
＊50　「実質金利の低下活用し公共投資促進を＝諮問会議民間議員提案」（朝日新聞、2016年3月11日）

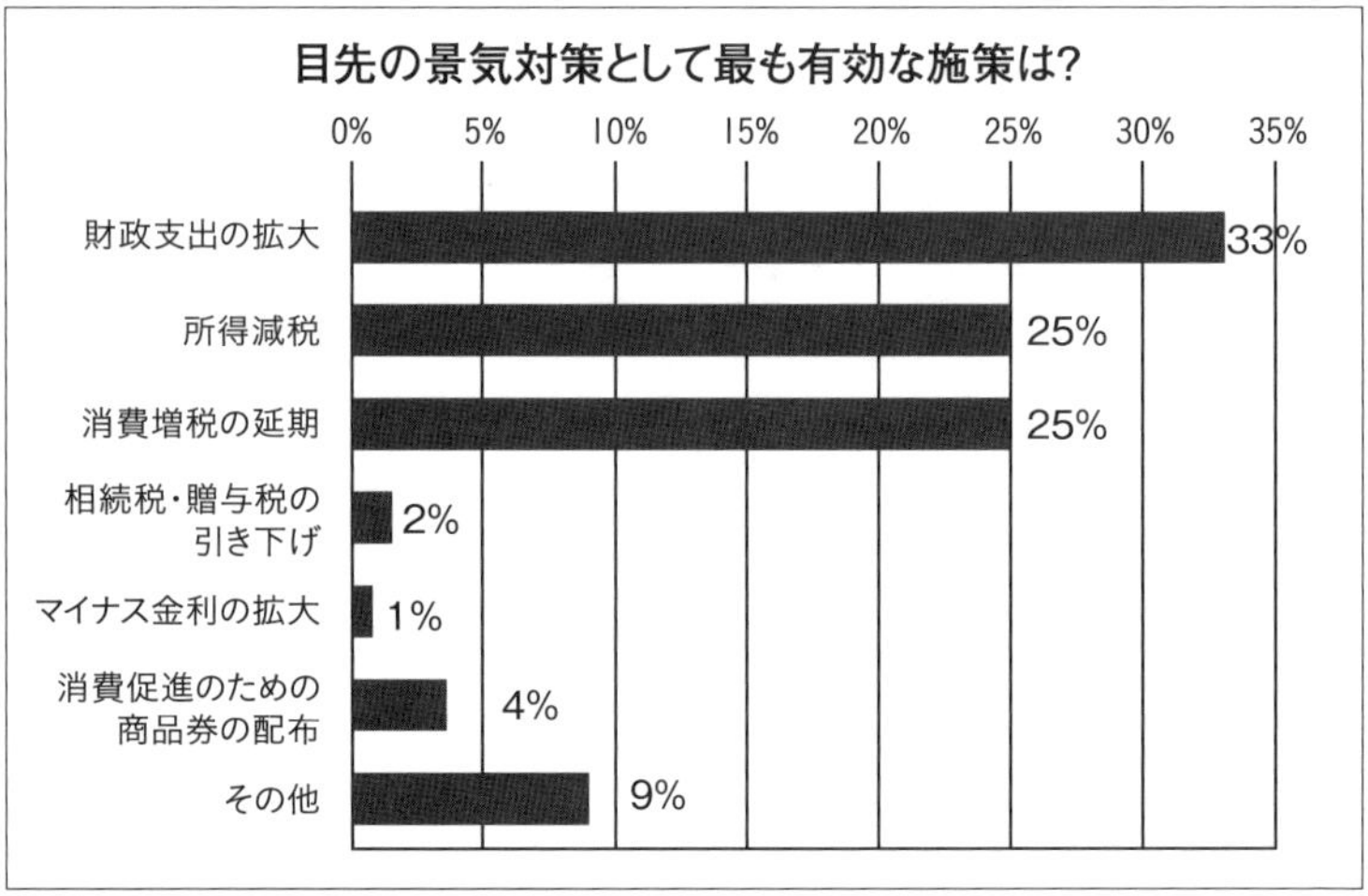

図 17　2016 年 4 月の市場心理調査の結果
出典：『アベノミクスに試練、景気対策「財政出動」など求める声多く（4 月調査）』Quick 月次調査、2016 年 4 月 11 日

また、結局は「政府→民間」へと資金を注入するに等しい取り組みとなる。したがって、減税もまた、財政政策の一つの形なのである（つまり、「一人ひとりから薄く広く税を徴収する」ことを「やめる」ということは、結局カネの流れから言うなら、「一人ひとりに広く薄く所得を給付する」ということに等しいわけだ）。

以上の流れは今、**日本には確かに「反・緊縮」の潮流が出来つつある**、ということを意味している。ひところ、先に述べた「日本破綻論」が幅をきかせ、財政政策の必要性を少しでも主張しようものなら「破綻するじゃないか！」という声があちこちから叫ばれ、かき消されてしまう――ということが過去10年、20年の間繰り返されてきた。そして、「プライマリー・バランスは国際公約なのに、公約違反をやるつもりか！」という、（本来の公約が債務対名目GDP比縮減であることを無視した）非難が覆い被さり、財政政策の必要性を主張することが憚られ続けてきた。しかしここに来て、確かに、日本破綻論やプライマリー・バランス論や「緊縮」主義の論調が退潮し始めているのである。

「景気悪化」「財政以外の有効打がない」――この二つの認識が「緊縮」主義を退潮させた

これは直接的には、「緊縮」主義の象徴的対策である消費増税によって、景気が大きく後退した――という感覚を多くの国民が共有していることが重要な要因だ。さらに、昨今の上海ショック（２０１５年、上海の株式市場が大幅に下落した）や先に紹介したギリシャ危機に端を発する形で、世界経済全体がそれこそ「日本化」Japanification してきた、という認識が共有されてきたことも重要な要因だろう。

つまり、国内外の事情で景気が悪化してきたのだから、何かしなければ、このままだとあらゆる商売・ビジネスはジリ貧になり、所得も減り、経営も生活も苦しくなる、だから何らかの景気対策が必要だ、という基本的認識が世論にて共有されはじめたのである。

そしてそれに加えて、もう、「政府の財政政策」以外に景気を回復する決定打はない――

という認識も広く共有されてきたことも重要な背景だ。

その中でも特に重要だった経験は、「金融政策〝だけ〟に頼る景気刺激策の限界」である。アベノミクスの象徴は、なんと言っても、日銀の黒田総裁による「異次元の金融緩和」であった。これは、日銀が日本国内のマーケットに大量のマネーを注入する、という金融政策である。具体的にはマーケットで出回っている国債等を日銀が大量に購入していく、という対策だ。こうすることで、日銀は大量の「マネー」を作り出したのである。その量は、かつてのマネーの総量の実に2倍以上。

当初、このマネーの総量を増やせば景気が良くなると言われていた（これは一般にリフレ論と言われる）。そして日銀は、「〝2〟年間、徹底的な金融政策をやって、マネーの量（マネタリーベース）を〝2〟倍にして、〝2〟%の物価上昇率を達成する」と宣言したのだ。つまり、大量にお金を「刷って」市中に注入すれば、物価が低下していくというデフレが終わり、その逆のインフレに転換できるだろう、と言われたわけだ。

しかし、2014年の消費増税の悪影響が予想以上に長引き、この目標は達成できなかった。これにより、金融政策だけに頼るような対策では、デフレ脱却できないのだ、という認識が共有されていったのだ。

さらには、別の異次元の金融政策として、最近（2015年暮れ）では、「マイナス金利政策」が実施された。これは、民間や政府がカネを借りる際の利息（金利）を、ゼロどころかゼロ以下のマイナスにする、ということを通して、民間や政府がカネを借りやすくして、官民あわせた「投資」を拡大し、内需を拡大し、デフレを終わらせよう、という政策だ。この政策は現在推進中で、今後も続けられるところであるが、それが「デフレギャップ」を埋められる程の内需を拡大するとは限らない。実際、先に紹介した市場心理調査でも、マイナス金利政策の拡大を支持する声は、わずか「1%」に過ぎなかった。

こうした金融政策の大規模展開の「経験」を通して、金融政策にはそれなりの効果はあるものの、それだけではどうやら、デフレは脱却できないのだ——という認識が、世論的に形成されていったわけだ。

実際、こうした世論における平均的見解は、スティグリッツやクルーグマンも強く同意するものである。かの官邸の会合で、彼らは口をそろえて金融政策の限界を指摘していた。

「深刻な停滞時において、金融政策が極めて有効だったことはこれまでにない。唯一の効果的な手段は財政政策」（スティグリッツ）

「金融政策には限界がある。非伝統的な方法をとったとしても……効果は限られている」（クルーグマン）

それでは、金融対策とならんで経済成長で論じられてきた、旧アベノミクス第三の矢である「成長戦略」はどうかと言えば――これは、構造的な政策である以上、そもそも、クルーグマンが言うような「脱出速度」を確保してデフレを終わらせるための対策というよりはむしろ、長期的な成長力を上げていく、という対策である。実際、そのターゲットとされているのは、2030年という、十年以上もの未来なのである。実際、先の市場心理調査でも、対策項目の一つとしては挙げられてはいなかった。

金融政策という成長戦略・構造政策で、現下のデフレを終わらせることができないのなら、もう残るはただ一つ、「財政政策」だけだという事にならざるを得ないのだ。

だから、いつまでも「緊縮だ、緊縮だ」と言っていては、デフレは永遠に続くことになる。だとしたら、もう緊縮なんて言っていられない、財政政策をやらざるを得ないではないか――という事になる。

かくして、金融政策だ**け**の対策の効果が限定的である、ということが世論に浸透するにしたがって、「緊縮」主義がにわかに退潮し、「反・緊縮」の風が吹き始めることとなったのである。

「反・緊縮」は今、世界的潮流である

実はこの「反・緊縮」の潮流は、わが国日本だけのものではない。英語ではこの「反・緊

縮」はアンチ・オーステリティ（anti-austerity）と呼ばれ、ヨーロッパやアメリカ等の「民主国家」において、「民主主義運動の一環」として広まりつつあるものだ。

例えば、アメリカ大統領選でにわかに脚光を浴びたバーニー・サンダースは、社会主義者として有名だが、徹底的な反緊縮主義者であることも知られている。彼は、政府が緊縮に走ってばかりいては国民の幸福を守ることが出来なくなる、折しも経済成長が思うように進まない現状では、積極財政に転ずる事こそが、経済を成長させ、国民の所得と暮らしを守ることにつながるのだ――と主張している。ちなみに、現時点（2016年5月現在）で大統領最有力候補と言われているクリントンもトランプも、積極財政主義者だ。

ギリシャ危機の際には、プライマリー・バランスの黒字化を強要するドイツをはじめとした諸外国の圧力にギリシャ政府が屈して「緊縮」が徹底的に進められれば、ギリシャ経済はさらに縮小し、国民一人ひとりの普通の暮らしを続けられなくなる、という危機感がギリシャ国民の間で共有された。そして、その「反・緊縮」の国民的熱気が、ツィプラス政権を誕生させたのであった。なお、ギリシャは、その「反・緊縮」の国民運動が、ＩＭＦやＥＵ、ＥＣＢに押し潰される形で、プライマリー・バランスの黒字化という徹底的な「緊縮」路線が展開され、景気が低迷し、その結果としてプライマリー・バランスを黒字化した直後に実質上の財政破綻状態に陥ったのは先に紹介した通りだ。

本年度の伊勢志摩サミットでも、景気刺激策を展開し、世界経済を回復させるべきと考える日本やアメリカ、カナダ、フランス、イタリアと、徹底的な「緊縮」主義を推し進めようとするドイツの間で、様々な議論がなされたところである。この日米加仏伊の動きそのものは、「反・緊縮」の動きと言うこともできよう。

いずれにしても、国際金融経済分析会合で政策提言を行ったスティグリッツとクルーグマンは、こうした世界的潮流において重要な役割を担っているノーベル経済学賞教授であり、理論的支柱でもある。この彼ら二人が官邸で総理を始めとした政府要人に向けて、その経済理論を直接講義、提言したことで日本国内の論調も大きく変わったのは、そうした外国で大きくなっていた反・緊縮のうねりのエネルギーが、改めて日本に強烈に上陸し、それが、日本国内の世論の論調を変えたからと言うこともできるだろう。

過剰な「緊縮」、そしてそれをもたらしている「プライマリー・バランス目標」の不道徳

ここで、「反・緊縮」の議論の重要なポイントを一つ指摘しておこう。

それは、アメリカのサンダース人気にせよ、ヨーロッパ各国の「反・緊縮」の国民的運動にせよ、その根底に流れている認識は、

「過剰な緊縮は、不道徳である」

というものである。

理由は簡単である。「財政政策」が公益のために必要な時、それを行わないことは公益を損なうことを直接意味しているからである。

最もわかりやすいのは、次のような例だ。

今回の熊本・大分地震のような大災害が起こった場合、政府が「緊縮」を掲げて十分な対応をしなければ、多くの被災者が見殺しにされ、町は蘇らず、生き残った被災者も大いなる不幸の内に生き続けねばならなくなってしまう——もちろんこれは少々極端な例だが、緊縮の度合いが深まれば深まるほど、こうした事態に近づいていくことになる。

そしてこれと同様のことが、「デフレ脱却」においても見て取ることができる。

本書で繰り返し論じたように、「デフレ」は失業・倒産を増やし、貧困を深め、東京一極集中をもたらし、国家全体の防災力、国防力、外交力、ひいてはそれを全て合計した「国力」を弱体化させている。昨今話題になっている待機児童問題や介護問題、日本企業の外資への身売り問題等は全て、デフレさえなければ抜本的に改善しているものばかりだ。つまり、デフレはさながら、体全体を蝕む病原菌のようなもので、文字通り現代社会の諸悪の根源である。

しかし、そのデフレは決して「不治の病」ではない。クルーグマンが「脱出速度」と呼んだ大規模な財政政策さえ実施できるのなら、（十分な金融政策が進められている現下の状況では）

デフレは完全に終わるのだ。

ところが――もしも、わが国においてこうした状況分析が不在のままで、過剰な「緊縮」主義に基づく緊縮財政が採用されるなら、「脱出速度」を確保することなく、延々とデフレが続く状態となってしまう。そうなれば、あらゆる社会問題が放置されることになる。

もしもそうだとするなら、「緊縮」主義はあらゆる貧困と社会問題をもたらしている諸悪の根源中の根源だ、ということになる。「緊縮」主義者は、あらゆる諸悪の根源を絶ちきる「財政政策」を、「危険だ!」と言ってさせず、あらゆる諸悪を助長させているわけだ。それは、「死に至る病を完治させる特効薬がそこにあるにもかかわらず、〝それを飲んだら死ぬぞ!〟と脅してそれを飲ませないようにして、結局その人を死に至らしめてしまう医者」に等しい訳である。

彼がそれを「意図的」にやっているのなら悪党であり、偽善者に他ならない。「あなたを助けるために飲むなと言っているのだ」と道徳的な体裁をとっているにもかかわらず、結局は人を死に至らしめる以上、それは単なる偽善なのだ。

あるいは逆に、無知故に「良かれ」と思ってやっているのだとしても、彼は「人を死に至らしめる愚か者」としか言いようがない。ましてや彼が医者や専門家なら、その愚かさは職業倫理から言って許されざるものだ。だから悪意があろうが無知であろうが、「〝薬を飲むな〟という人を死に至らしめる警告」は、不道徳な代物と言わざるを得ない。ましてや、医学における医者、そして、経済政策におけるエコノミストや経済学者の「無知」は、彼らの職業倫理において「不道徳」と言わざるを得ない。大量の人々を死に追いやるヤブ医者は、凶悪犯との誹りを免れ得ないのだ。

もちろん、本当にその財出で財政破綻してしまうのなら緊縮を主張するのも致しかたないし、実際、徹底的な「緊縮」を主張する経済学者達は常に、「財政破綻が起こる！」と主張し続けてはいる。例えば、佐藤主光《もとひろ》一橋大学教授と宮崎毅明海大学講師は、東日本大震災から1年後の2012年3月に出版した論文の中で、次のように主張している。[*51]

「総じて、我が国の被災者支援は『国は財政破綻しない』ことを前提としてきた。しかし、大規模災害に際しては、国が無制限に財政負担を負うことは不可能な状態にある。従って、災害時に政府・自治体が救済する範囲（資格要件）と水準（支援金額など）を予め明確にすることが必要となる」

つまり、国が破綻するから、被災地支援は限定的にすべし、と主張しているのである。そしてその根拠として、「国が財政破綻する」という理由を挙げているわけだ。

＊51　佐藤主光・宮崎毅「政府間リスク分担と東日本大震災の復興財政」（財務省財務総合政策研究所「フィナンシャル・レビュー」、平成24年第1号（通巻第108号）、2012年3月）

しかし、本書第3章でも詳しく述べたように、こうした「日本破綻論」は完全なる虚構である。繰り返しとなるが、現在の状況では「国が破綻するリスク」は限りなくゼロに近いのだ。さらには、先にも紹介したクルーグマンの発言からも示されている通り、万一日本が破綻寸前まで至ったところで、日本には円安のメリットがもたらされるということすらあるのだ。改めて彼の言葉をここに再掲しておこう。

「もし、『日本もギリシャのようになる』と言う人がいたとしたら、その人には、そんな事が起こるなら、どうやって起こるのか、問い詰めてみればいい。どうせ答えられないに決まってる。そんなこと、起こりようないのだから。……とにかく、そんなことは何も心配するような事じゃないんだ」

「日本は自国の通貨を持っている。だから、最悪の事態が起こっても、円が安くなるだけだ。しかもそれは、日本にとってとても良いことですらある。だから心配なんてしなくていいんだ」

そうである以上、緊縮を盾に、地震と津波と原発事故で苦しむ東北の被災者達への支援は限定的にせよと叫ぶこうした緊縮主義者達は、意図的であれ無知故にであれ、不道徳のそしりは免れ得ないのだ。

そして、こうした緊縮を進めるためのツールとして使われているのが、第４章で様々な角度から分析を加えた「プライマリー・バランス目標」（ＰＢ）だ。だから過剰な緊縮主義、そして、それを正当化するプライマリー・バランス目標は「不道徳」と言わざるを得ないのである。

つまり、過剰な「緊縮」主義は、過剰な「財政拡張」主義（放漫財政）と同様に、「不道徳」なのである。そもそも財政は政府の活動水準そのものを意味するものであり、それが行きすぎても、少なすぎても公益、国益を毀損する。過ぎたるは及ばざるが如し――国民生活と国家の安泰を直接左右する政治には、常に「中庸」が求められているのである。

デフレ脱却のための財政拡大には「出口戦略」が必要

今まさに世界的な潮流になりつつある今日の反緊縮の流れは、日本で言うなら「日本破綻論」や「プライマリー・バランス論」等に代表される「行きすぎた緊縮」路線が持っている本質的な「不道徳性」に対して、多くの庶民達が憤りの念を抱く事で展開しているのである。すなわち、庶民の暮らしを圧迫する過剰な「緊縮」路線に対する庶民達の反発の念が、反緊縮の潮流を世界的に巨大なものへと成長させている。

そしてわが国においても、「緊縮」主義の勢いが衰える一方、「反・緊縮」の潮流が芽生え、デフレ脱却に向けての積極財政の機運が少しずつ高まりつつある、という次第である。

こうして、財政拡大を展開する場合、次の二つが重要になる。

一つが**「出口戦略」**であり、もう一つが**「ワイズ・スペンディング」**である。

ここではまず、前者の「出口戦略」について解説しよう。

そもそも、クルーグマンが主張した「脱出速度」という概念は、デフレが完全に脱却できるまでは、十分な規模の財政政策を展開すべし、という政策論を示唆するものだ。そして、**第1章、とりわけ「図7　財政政策によるデフレ脱却のプロセス」**（80頁）を参照しながら解説したように、不足している需要（すなわち、デフレギャップ）を埋めるための財政支出を数カ年続ければ、民間の需要は徐々に拡大していき、しばらくすれば（それこそ2、3年もすれば）需要不足は解消し、拡張的な財政政策を続けなくても「成長」していくことが可能となる。

したがって、拡張的な財政政策は「期間限定的」なものでなければならないのである。それ以上続けてしまえば、今度は需要の方が多い状態となってしまう。

そうなると過剰な「インフレ」となってしまう。

本書では、インフレの問題については十分に論じていないが、この点においても「過ぎたるは及ばざるが如し」であり、過剰なインフレは経済的に望ましいものではない。「デフレ不況」とは真逆の「インフレ不況」というものが生じてしまうのである。それは、モノの値段が上がり過ぎてしまう一方、所得の伸びがそれについて行くことができず、庶民は十分にモノが買えなくなり、実質的な「貧困」状態に陥ってしまう、というタイプの不況だ。こうした「インフレ不況」に陥ってしまうことを避けるためにも、デフレから脱却した後に、いつまでも拡張的な財政運営を続けていってはいけないのである。

そこで必要となるのが、「出口戦略」だ。これはつまり、財政拡大を2、3年続け、デフレからの完全脱却が確認できれば、財政拡大を「止める」ことが必要なのであり、どうやって止めるのか、そして、止めた後、どうするのか、という戦略の事だ。

まず、デフレ完全脱却の判定には、例えば、成長率が実質3%、名目2%を2年次連続で越えるというものや、賃金上昇率が2年連続で2%を越える、等の判断があるだろう。

ここで重要なのは、「1年」だけの指標の動向を見て決めてはならない、という点だ。単年度だけなら、その年の特殊要因で指標が改善することがあるからだ。

デフレ脱却後には「中立的財政」を（その1：均衡財政原則）

そして、デフレ完全脱却だと判定できたのなら、財政拡大を止め「中立的」な財政運営に戻っていくことが必要である。

この時「拡張的財政」をやめて、直ぐにまた「緊縮財政」をはじめてしまえば、再びまた、デフレに舞い戻ってしまいかねない。例えば、デフレが完全に脱却したからといって、いきなり大幅な増税を行い、財政支出を大幅にカットすれば、あっという間に需要不足となり、デフレ不況に舞い戻る――という事になる。

だから、デフレ脱却が果たせれば、拡張的でも緊縮的でもない「中立的」な財政運用が必要である。

そんな中立的な財政運用において重要な原則が、スティグリッツが何度も推奨していた「均衡財政」原則の考え方だ。これは「前年からの税収増分は、支出に回す」という原則である。もしこれをせずに税収増分を借金返済に回し続ければ、その分成長率が鈍化し、ゼロ成長、マイナス成長へと舞い戻る可能性が危惧される。その意味で、この原則を堅持しておけば、「緊縮」財政となることが回避できるのである。

一方でこの「均衡財政」原則は、「支出の増分は、前年からの税収増分以上とはしない」という原則だと解釈することもできる。したがって、この原則を堅持すれば、財政が過剰に拡張的なものとなることを避けることが可能となるのである。

つまり、「均衡財政」原則は、過剰に緊縮的でも拡張的でもない、中立的な原則なのである。

なお、この「均衡財政」の原則で算定される予算額は、(補正予算ではない)「当初予算」の合計額と考えることで、この原則による安定的な財政運営が可能となるだろう。

とはいえ、原則はあくまでも原則である。

地震や安全保障問題などで、どうしても支出が必要となる場合も考えられる。その場合は補正予算を組む等の対応を図ることが考えられる。

一方、（現下の世界経済状況を踏まえれば、当面考え難い状況だが）景気が過熱しすぎるような状況では、当初予算の金額を均衡財政額の水準よりも幾分低い水準にするという対応が考えられるだろう。あるいは、それと同時に「増税」を実施すれば、より効果的に景気過熱を鎮静化することもできるだろう。

いずれにせよ、財政は「中立」を基本としながらも、状況に応じて機動的に、柔軟に対応していくことが、安定的な経済発展のために重要なのである。過剰に緊縮的であったり拡張的であるような財政は、経済を不安定化させ、国民生活と国力を毀損させることになるのである。その意味において、硬直的な財政それ自身が、「不道徳」なのである。

デフレ脱却後には「中立的財政」を（その２：債務対名目ＧＤＰ比の安定と縮減）

ところで、そんな柔軟な財政運用を志すにあたって重要な指針となるのが、「債務対名目ＧＤＰ比」という尺度だ。これは、Ｇ20各国が、財政規律を守る上で基本としている尺度で、わが国においても、ＰＢ以上に重視されている尺度だ。第４章でも詳しく論じたように、ＰＢだけに配慮していては、インフレなのかデフレなのか、名目ＧＤＰが成長しているのか縮小しているのか、金利がどういう状況なのか、といった諸点に何ら配慮することなく、ただただ機械的で硬直的な財政運用にならざるを得ない。その意味で、「不道徳」そのものなのだが、それに対して債務対名目ＧＤＰは、実に多様な状況を反映する、優秀な尺度だと言うことができるのである。

そもそも債務対名目ＧＤＰ比は、ＰＢが黒字であれば縮小していく傾向にあるが、名目ＧＤＰの成長率が高くても縮小する。さらには、金利が低くても縮小していく。すなわち、この債務対名目ＧＤＰ比という尺度は、「ＰＢ、金利、名目ＧＤＰ成長率」に影響を受けて変化するのであり、多様な側面に配慮しながら財政運営を展開していくことが可能となるのである。

例えば、最近のわが国では、「ＰＢは赤字なのだが、金利が低く、名目ＧＤＰ成長率が２・５％という水準であったため、債務対名目ＧＤＰ比は安定化」したのである。しかし一方で、ギリシャやアルゼンチンは「ＰＢは黒字だが、名目ＧＤＰ成長率がマイナスとなっていたため、債務対名目ＧＤＰ比は悪化」していたのであった。

だから、「均衡財政」原則で中立的な財政運営をするにあたっては、債務対名目ＧＤＰ比の動向を、こうした諸点を加味しながら把握しつつ、柔軟に支出の拡大と縮小についての微調整を図っていくことが得策なのである。

如何なる時も、財政政策は「ワイズ・スペンディング」が基本

以上、これから「財政拡大」を展開するにおいて重要な二つの留意事項の一方である出口戦略について述べたが、ここではもう一つの留意事項である「ワイズ・スペンディング」についいて述べることとしよう。

ワイズ・スペンディングとは、呼んで字のごとく「かしこく（wise）、使う（spending）」という意味である。つまり、政府が財政政策でお金を使うにしても、いい加減にお金を使うのではなく、「賢く」お金を「使う」、という態度・姿勢を意味している。

例えば、10兆円の補正予算を組むとするなら、闇雲に10兆円を使っていくのではなく、できるだけ「賢く」使っていくという姿勢が必要だ、という次第である。

ワイズ・スペンディングの際、「目的」と「施策効果」を見据えることが重要なのは論を俟たないが、しばしば忘れられ、真のワイズ・スペンディングが達成出来なくなってしまう分野がある。

それは、長期的で、多面的に必要とされている施策だ。教育や研究開発、そして、インフラ政策等が、その典型例だ。

教育にいくらお金をかけても、直ぐにその見返りがくるものではない。しかも、その見返りがどういうものかもハッキリしない。

研究開発も同様だ。モノになるかどうかは、場合によっては何十年もたたないと分からない。

高速道路や新幹線等のインフラも、つくるのに大きな予算が必要である一方、その有効性は直ぐにはハッキリとは表れない。しかしそれらは何十年、何百年も使われ続けた挙げ句に、街のかたちや国のかたち、そして街や国の活力を決定的に変えてしまう巨大な力を発揮する。

いずれにせよ、ワイズ・スペンディングを考えるのなら、こうした「長期的」に必要とされる内容にこそしっかりと支出していく態度が、「真」のワイズ・スペンディングなのである。

「ワイズ・スペンディング」のパラドクス

ところが「緊縮」的な財政が運営されている状況では、こうした長期的に効果を発揮する項目は、ついつい「仕分け」の対象となり、予算カットされる。したがってデフレの中で「緊縮」主義が横行している状況下では、意図的に「ワイズ・スペンディング」を目指せば目指すほど、かえって「緊縮」主義が先鋭化し、ますます予算項目が「ワイズ」でなくなっていく——という実に愚かな事になる。これはいわば、ワイズであろうとすればするほどにワイズでなくなっていくという「ワイズ・スペンディング・パラドクス」とでも言うべき残念な現象だ。

例えば、スティグリッツは、かの国際金融経済分析会合で、現状のデフレ状況下で起こっていることは、以下のようなものだと主張している。

「民間部門・公的部門の両部門における短期的志向。
基礎研究への投資の不足。そして、多くの国ではインフラへの投資の不足。
教育システムの適合の失敗」

そしてこれらによって「生産性の停滞」がもたらされていると指摘している。

つまり、デフレが深まり、「緊縮」主義、そして「競争」主義が深化していけば、目先の競争で勝ち残ることばかりに注意が向き、様々なコストカットが進められ、短期的志向が優越する。こうしたプロセスが民間のみでなく、政府でも進められる。その結果、短期的志向の「ワイズ・スペンディング」が加速され、その帰結として、長期的な投資が削減され、研究、インフラ、教育への投資が縮小されていく——ということを、彼は指摘しているわけである。そしてその帰結は、長期的に「生産性」が毀損されていくわけである。

つまり、デフレ状況では、官民問わず、「短期的視野のワイズ・スペンディング」が横行し、長期的な視点から見た競争力が減退してしまうわけである。短期的なワイズは、長期的にはワイズとは真逆の帰結をもたらす――まさにワイズ・スペンディング・パラドクス、である。

だからこそ、スティグリッツはこのパラドクスを抜け出すために、

「教育、若者の健康への投資」
「インフラとテクノロジーへの投資」
「環境と住みよい街にするための投資」

こそが、デフレ脱却のための財政拡大において求められると指摘しているのである。これこそ、「真」のワイズ・スペンディングだ。

「短期的投資」の財出はデフレを終わらせない。「長期的投資」だけがデフレ脱却を可能とする

しかも、「デフレ脱却のメカニズム」を考えれば、デフレ脱却のための「財政拡大」の項

目において重視されるべきは、「短期的投資」よりも「長期的投資」であることが、理論的に明白となる。つまり、デフレ脱却におけるワイズ・スペンディングとは、先に述べたパラドクスを乗り越え、スティグリッツが推奨するようにあえて「短期的投資」でない「長期的投資」を中心にすることなのである。

ここで言う「長期的投資」とは、教育、インフラ、技術開発等である一方、「短期的投資」とは、大規模工場や大規模商業施設、等である。

まず、こうした短期的投資がデフレ脱却において望ましくないのは、短期的投資ばかりを行えば、その投資によって「供給」が直ぐに拡大し、デフレギャップがなかなか埋まらなくなってしまうからである。

すなわち、図18に示したように、短期的投資を行えば、翌年の供給量が増進する。したがって、せっかく内需が増えてもデフレギャップは縮小しない。それを埋めるために政府投資を短期的な視点から行えばまた、その翌年の供給量が増える――ということが繰り返されてしまうのである。その結果、政府支出が毎年拡大していく一方で供給量も増えていくため、デフレギャップは一向に埋まらず、潜在的なデフレ状況は一向に解消しないのである。

それどころか、この状況が続いたある日に、「緊縮」的な政府が政権を取ったり、あるいは、「財出拡張は期間限定」という形で行っていた等の理由で政府支出が縮減されれば（図18の時点5の状況）、デフレギャップがいきなり生じ、再びデフレが始まってしまうことにな

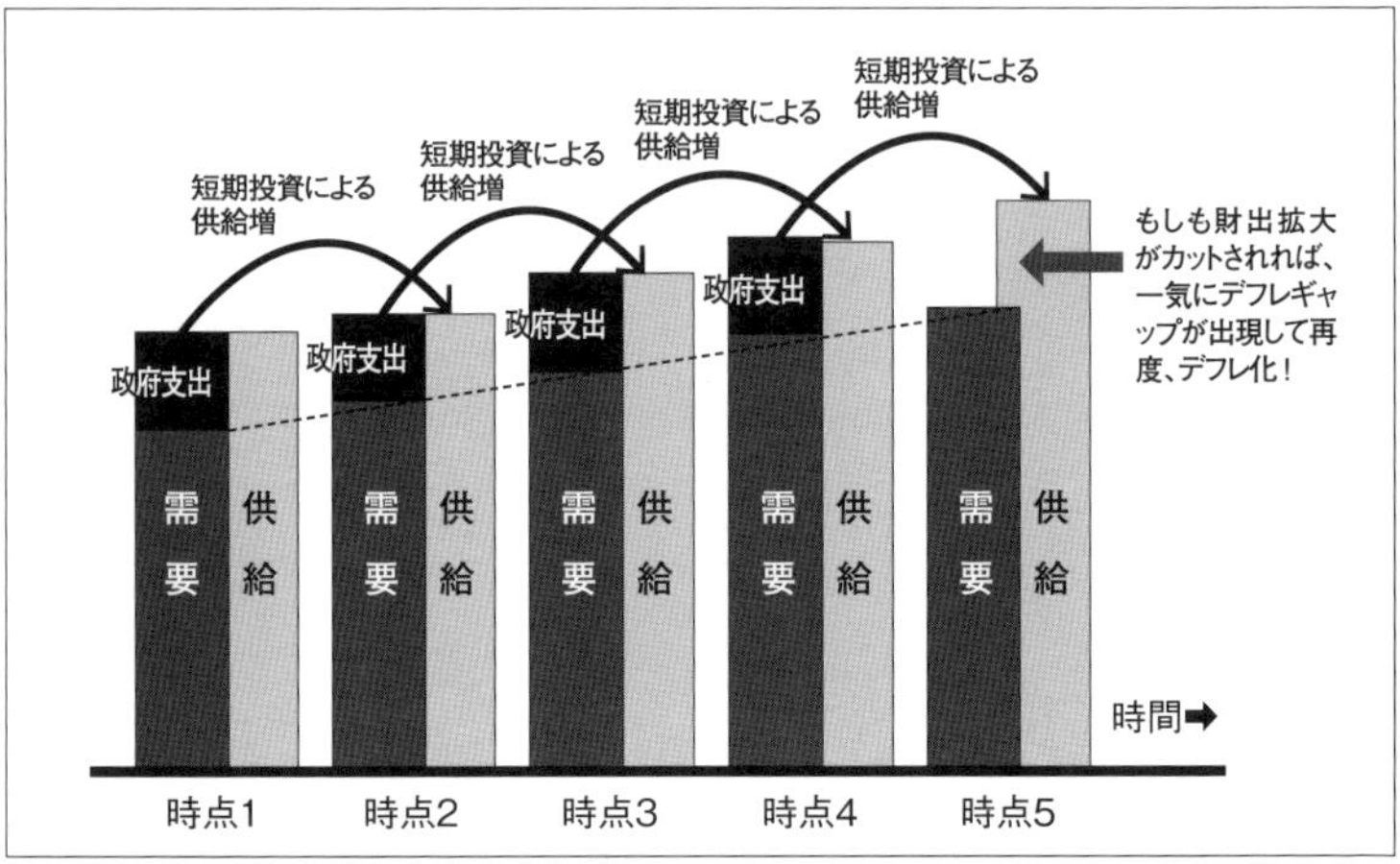

図18「財政政策で短期的投資をしても、デフレが終わらない」メカニズム

る。これでは、せっかく財出を大規模に数年間やっても、結局はデフレ脱却できない、ということになってしまう（そして、クルーグマンやスティグリッツが言うように財出やったって、結局デフレは終わらないじゃないか！という世論だけが残されることになるだろう）。

一方で、インフラや教育、技術開発等の「長期的投資」は、図19に示したように短期的には供給を増加させることはない。したがって、短期的には需要「だけ」が増加することになる。したがって、図18の「短期的投資」と異なり、「デフレ完全脱却」までの間に、供給が増大することでデフレギャップが拡大してしまうことはない。したがって、より効率的に、すなわちより早期にデフレ脱却が叶うこととなる。ただし、その投資効果は「長期的」に発現するので、デフレが終わり、

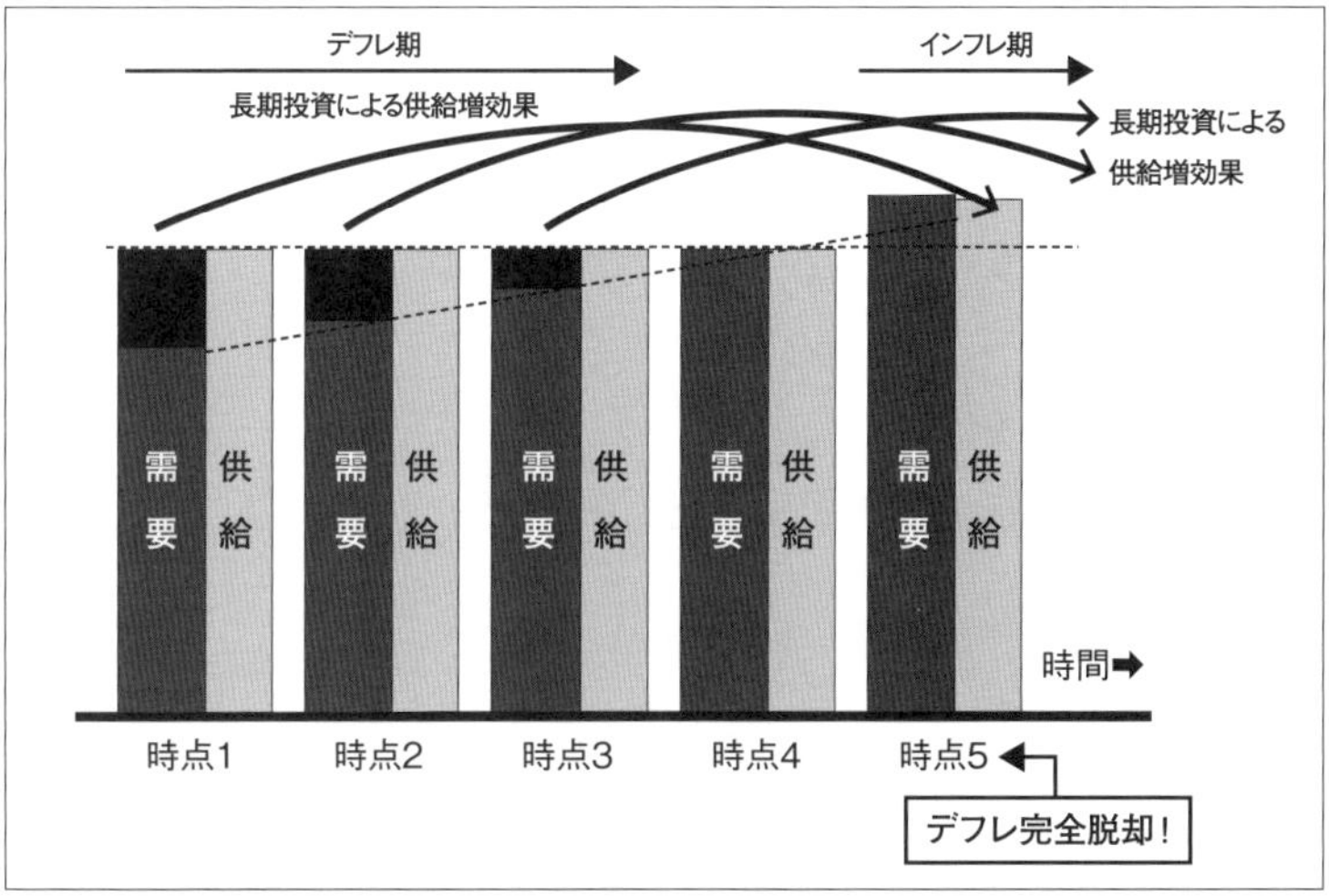

図19 「長期的投資」に基づく、より効率的な財政政策によるデフレ脱却のプロセス（イメージ図）

供給不足気味となるインフレ期間において、供給を底上げさせることとなる。その結果、何の投資効果もない財出よりも、インフレ傾向を抑制するというメリットがもたらされることになる。[*52]

つまり、短期的投資ばかりでは、どれだけ財出をやってもデフレ脱却できないという最悪の結果がもたらされるリスクがある一方で、長期的投資では、迅速にデフレ脱却が可能となると同時に、デフレ脱却後のインフレ局面でも、供給が増進されることを通してインフレギャップを抑制していくことも可能となるのである。

これこそ、デフレ状況下での「ワイズ・スペンディング」そのものであり、スティグリッツの提案と完全に軌を一にする論理的帰結なのである。

インフラ投資こそ、デフレ脱却のための最大のワイズ・スペンディング

かくして、デフレ脱却局面では長期的にその投資効果が出現する長期投資を中心に据えることが得策だ、ということになる。

ただし、例えば今日の日本の状況（デフレギャップが10～20兆円程度）であれば、デフレの完全脱却まで、10年、20年という時間がかかるとは考えがたい。せいぜい2、3年、長くて4、5年程度で十分だ（仮にデフレギャップが20兆円だとしても、その程度の水準なら毎年2％需要が成長すれば2年で埋められるし、その間供給が伸びても、4、5年あれば十分埋められるからだ）。それを踏まえるなら、投資効果が出現するまでの時間があまりに長いものは、必ずしもベストではない（もちろん、デフレ脱却までの時間を延伸させる短期投資よりは、ずっと「ワイズ」であることは間違いない）。より望ましいのは、数年程度で供給を上げるような長期投資だ。

そうした点を考えれば、その投資効果が日の目を見るまで10年、20年という長期的な時間がかかる教育や研究開発よりも、道路や港湾、新幹線などのインフラ投資が最も効果的な投資項目であるということになる。

しかも不足している需要、すなわちデフレギャップの大きさが10兆円を上回るようなケース（例えば、今日の日本はまさにそういう状況だ。後にも触れるが、補正予算が3兆円支出されている状況で、過小評価される事が知られている計算方式で現時点で8兆円という数字が内閣府より報告されているため、どれだけ低く見積っても11兆円、適正な水準を想定するなら15〜20兆円程度は軽く上回るデフレギャップが実存しているものと考えられる）では、単体で数千億や兆円単位の投資規模となるインフラを抜きにして、「ワイズ・スペンディング」を達成することは至難の業となる。折しもデフレ脱却のためには、そうした出費が2、3年継続することが必要であるということを考えると、ますますインフラ抜きに考えることが難しくなる。

さらに言うなら、インフラの場合には、着工してから完成まで数カ年かかるが、その「完成時期」が、数カ年公示され続けることとなる。例えば、北陸新幹線の敦賀開通も長崎新幹線の開業も2022年度であることが知られている。こうした開業年次の数年前からの公表は、そのインフラを活用しようとする各種事業が、その年次めがけて投資されていくことになる。例えば、金沢までの北陸新幹線開業時には、様々な民間投資が金沢駅周辺で展開され、開業前から金沢経済は活性化されていた。すなわち、インフラの場合は、計画的に完成して

＊52　ここでの議論はもちろん全て、基本的傾向について言及したものである。具体的な現実プロセスは、それぞれのタイムラグの長さ、費用などの諸要因で変動する。

いくという特徴があることから、民間投資も計画的に誘発され、その拡大を促す効果を持っているのである。

すなわち以上をまとめると、インフラ投資というものは、そのインフラがそれぞれの地域の経済活動や地域社会を支えるという自明の効果があると同時に、

1. 供給を即座に増進しないという点からも、
2. デフレ脱却後の長期的な経済成長を牽引するという点からも、
3. デフレ脱却に必要とされる投資「規模」の点からも、
4. 計画的に進められ、民間投資をより効果的に加速させていくという点からも、

デフレ脱却を導く上で、最も優良なワイズ・スペンディング項目であるといい得るのである。

とは言えもちろん、インフラだけで、財政政策を構成することは、最適なワイズ・スペンディングとは言いがたい。政府には様々な行政目的があり、各省庁にて求められる投資項目は多数に及ぶからである。だから例えば、研究開発や教育投資などが重要な項目として考慮されることが必要であることは当然のこと、エコカー減税やエコポイント等の直接消費を喚起する財政政策が、効果的なワイズ・スペンディング項目に加味されるべきであることは論

を俟たない。

ただし、以上の議論は、デフレ脱却のための財政政策におけるワイズ・スペンディング項目にインフラを項目として考慮しないのは、著しく不合理である事を、明らかに指し示しているのである。

しかし——誠に愚かな事に、**わが国の昨今の風潮の中では、この最も合理的なワイズ・スペンディング項目であるインフラ投資だけが忌避される傾向がある。**

ついては、より効果的なデフレ脱却とその後の経済成長を促すにあたっての最後の論点として、このインフラ投資についての問題を次の章で取り上げることとしたい。

第6章　「公共事業不要論」というデフレの鬼っ子

「競争」主義を促進するデフレ下で自ずと拡大していく「公共事業不要論」

現在のあらゆる社会問題の根底に横たわる「デフレ」から完全脱却し、600兆円経済を実現し、国民所得を80万円増進させることを企図した経済政策のあり方を考えてきた本書も、そろそろ終わりに近づいてきた。

本書ではこれまで、冒頭でデフレの構造について論じた上で、クルーグマンとスティグリッツ両教授が首相官邸で総理に直接提案した内容を読み解く形で、過剰な金融政策や構造改革ではない「財政政策」こそが、デフレ脱却のために必要であることを指摘した。そして、その理論的メカニズムを解説すると同時に、デフレ下では「緊縮」主義と「競争」主義が社会心理現象として世論を席巻し、それによって、唯一の正しきデフレに対する処方箋である財政政策が実施できなくなる――という社会学的メカニズムを解説した。

具体的には、デフレ状況下では、「緊縮」主義に基づく「日本破綻論」、さらにはそれに基づいて構成された「プライマリー・バランス論」が多くの人々の心を激しく摑み、結果として財政政策が全く推進されない社会状況がいつまでも継続してしまうこととなる。しかし、「日本破綻論」も「プライマリー・バランス論」も全く正当性を持たない、「ウソ話」に過ぎない――という点を、改めてクルーグマンとスティグリッツ両教授の言説を引用しつつ詳しく論じた。

ただし昨今では、彼らの官邸での総理提案の影響もあり、過剰な「緊縮」主義が退潮し、逆にそれを批判する「反・緊縮」の風潮が、わが国をにわかに覆い始めている——という様子を改めて紹介した。そしていよいよ、これからデフレ脱却のための大型財政政策が展開されようとしている状況下に今のわが国はある事を指摘、その上で、大型財政政策を展開するには「出口戦略」と「ワイズ・スペンディング」という二つの要素が、是が非でも求められる、という事を論じた。

そして後者の「ワイズ・スペンディング」を考えるにあたり、様々な論点を「理性的」に検討すれば、是が非でも外してはならない最優良支出項目として、道路や新幹線、港湾などの「インフラ投資」が挙げられることを指摘した。

しかし——デフレ脱却に向けて「インフラ投資」を積極的に進めようとした途端、ありとあらゆる方面の人々から激しい批判に晒されることとなってしまう。

「緊縮」主義者がインフラ投資を否定するのは当然として、積極財政を肯定する論者ですら、その多くがインフラ投資だけに対しては否定的な態度を示すのである。

なぜなら、わが国では、積極財政論者であっても、その多くが「競争」主義のイデオロギーを信奉している傾向が強いからである。

繰り返すが、デフレ状況下では、家計や企業など、あらゆる局面で誰もが過剰な「緊縮」

を推進していると同時に、過激な「競争」に晒され続けている。そして、そうした経験を通して、多くの人々が緊縮主義と競争主義が「正しい」「道徳的」なものだと考えるに至ってしまうのである（しかしもちろん、すべて緊縮が正しい、すべて競争が正しい、と考えるイデオロギーは、何ら正当性のない、誤った思想であることは繰り返すまでもない。緊縮と積極のバランス、競争と協力のバランスこそがあらゆる局面において求められているからである）。だから、たまたま緊縮主義を信じ込んでいる精神状況から目覚めることに成功した人々においても、「競争」主義が正しいと信じ込み続けている――というケースが往々にして生じてしまうのである。

「競争」主義の人々が最も忌避するもの――それは、民間企業の競争原理が排除された「政府の取り組み」である。彼らは、「政府の取り組み」というものは基本的に不要であり、可能な限り排除していくことが世のため人のためになる、と信じているわけである。

そして「政府の取り組み」を別の日本語で表現すれば、「政府」とは「公共」主体であるし、「取り組み」とは別名「事業」であるから、結局それは「公共事業」ということになる。

かくして、「競争」主義が席巻する社会の中では、以下のような「公共事業不要論」を多くの人々が何の疑問も抱かずに信じ込むことになる。

公共事業不要論――「そもそも日本の借金が増えたのは、無駄な箱物を作り続けた〝公共事業〟が大きな原因だ。そもそも成熟社会となった日本にそんな箱物なんてほとんど要らないし、借金だらけの日本にそんな余裕はない。だから公共事業はできるだけ減らしていくのが大切だ」

上記のような精神状態にある「競争」主義を無意識に正しいと信じている人々にとって、この「公共事業不要論」は、とても違和感なく、すっと受け入れることができる物語となっているのである。

「公共事業不要論」を巡る「沈黙の螺旋」

さて、こうして多くの人々に信じられてしまった「公共事業不要論」は、実に様々な人々が口にすることになる。

テレビのキャスターやコメンテーター、知識人、新聞の社説、はては居酒屋トークでの上司や同僚に至るまで、いたるところで、この「公共事業なんて無駄なものばかり」「今時公共事業で景気対策なんて古い」「必要なのもあるかも知れないが、そんな余裕はもう今の日本にはない」というような、あらゆるヴァージョンの公共事業不要論を口にすることになる。

そうなると、それはさながら「公然の事実」となってしまい、「緊縮」主義者や「競争」主義者であれば当然のこと、そうでない人々においても、「公共事業不要論」を当然のものとして受け入れてしまうことになってしまう。

さらには、そこまで公然の事実と化してしまったものについて、反論をわずかなりともすれば、瞬く間に激しい批判や反論に晒されることになる。そうした経験を、一度や二度してしまえば、公共事業が「必要だ」と考えている人々も、それを二度と人前で口にしなくなってしまう。

そうなると、さらに事態はより深刻化する。

誰か一定割合の人々でも、公共事業が必要だという事を言っているなら、「公共事業不要論の公然の事実化」には、一定の歯止めがかけられる。しかし、ほとんど誰も反論しないのなら、その公然の事実化は一気に進んでしまう。そうなれば、反論する人はますます「変人」扱いされ、さらに強烈に「沈黙」させる圧力がかけられることとなる。

つまり、多くの人々が空気を読んで沈黙してしまうと、公共事業を肯定する意見を口にすることがどんどん難しくなり、さらに沈黙圧力が強化されてしまうのである。いわばこれは沈黙が沈黙を呼び、空気が螺旋状にこわばっていく事態なのである。

こうした**「沈黙の螺旋」**は世論形成において頻繁に生ずることが知られており、民主主義社会における典型的な「病理」現象であることが、社会心理学、政治心理学の分野では明らかにされている。

つまり、現代日本には、デフレによって創出された社会心理状況を背景に、公共事業不要論を巡る「沈黙の螺旋」が激しく展開してしまい、公共事業不要論が公然の事実と化してしまっているわけである。

しかし、この「公共事業不要論」は本当に正しいものなのか——今しばらく、客観的な事実を確認してみることにしよう。

「日本の借金」は「公共事業のせい」なのか?

先に提示した「公共事業不要論」では、「そもそも日本の借金が増えたのは、無駄な箱物を作り続けた〝公共事業〟が大きな原因だ」という一文があるが、これは、わが国では繰り返し指摘されてきた言説である。例えば、『道路の経済学』なる書籍[*53]の「道路建設のために膨らみ続ける借金」という節にて、「社会資本の整備には、国家予算・地方自治体の予算が使われます。が、実態はそのほとんどが借金です」と述べた上で、政府が「建設・特例国債36兆6000億円を発行」しているということが指摘されている(22頁)。この箇所を何気なしに読めば、この36兆を越える国債の全て、あるいは大半が公共事業のせいであるかのような印象を受けるのではないかと思う。しかし、彼が引用している年次のデータを確認する

*53 松下文洋『道路の経済学』(講談社現代新書、2005年)。

と、図20に示したように、公共事業による借金は、借金全体の実に18％しかなく、それ以外の8割以上は公共事業とは何の関係もない赤字国債だったのである（なお、最新年次のデータでは、建設国債の割合はさらに低下し、16・3％となっている）。つまり、今、借金が増えているのは公共事業が主たる要因となっているとは到底言い得ない状況なのである。つまり、この文章は「日本の借金は公共事業のせいである」という、実態と乖離したイメージを印象づけようとする詭弁の類いと言わざるを得ないものだったのである。

あるいは、『道路をどうするか』[*54]という書籍の中でも、類似の議論が展開されている。例えば、この書籍では、「日本の公共事業費が異様に高いのだ」と主張した直後に、

「国の借金にあたる公債残額は膨張を続けて、財務省によると、２００８年度末には５５３兆円に達し、…（中略）…国民１人当たり約４３３万円の借金をしていることになる」

と指摘している。この主張もつまり、無駄な公共事業こそが、昨今の「財政悪化」の原因なのだ、という印象を持たざるを得ない記述なのだが、これも、完全に事実と乖離している。

図21をご覧頂きたい。

この図は、１９９８年から２０１５年までの、国家予算における、医療や介護などの「社会保障関係費」（以下、社会保障費）と、道路やダムなどの建設のための「公共事業関係費」

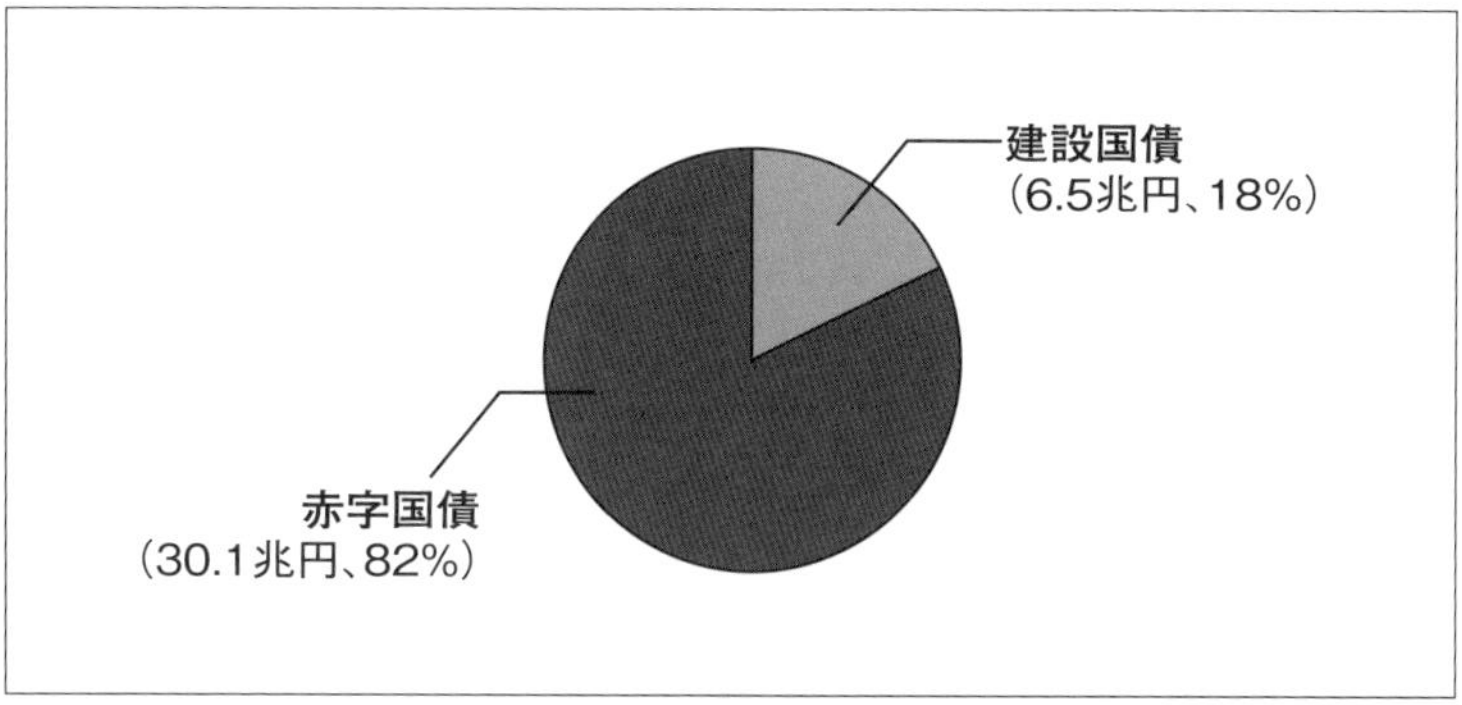

図20　平成16（2004）年の建設国債と赤字国債の割合

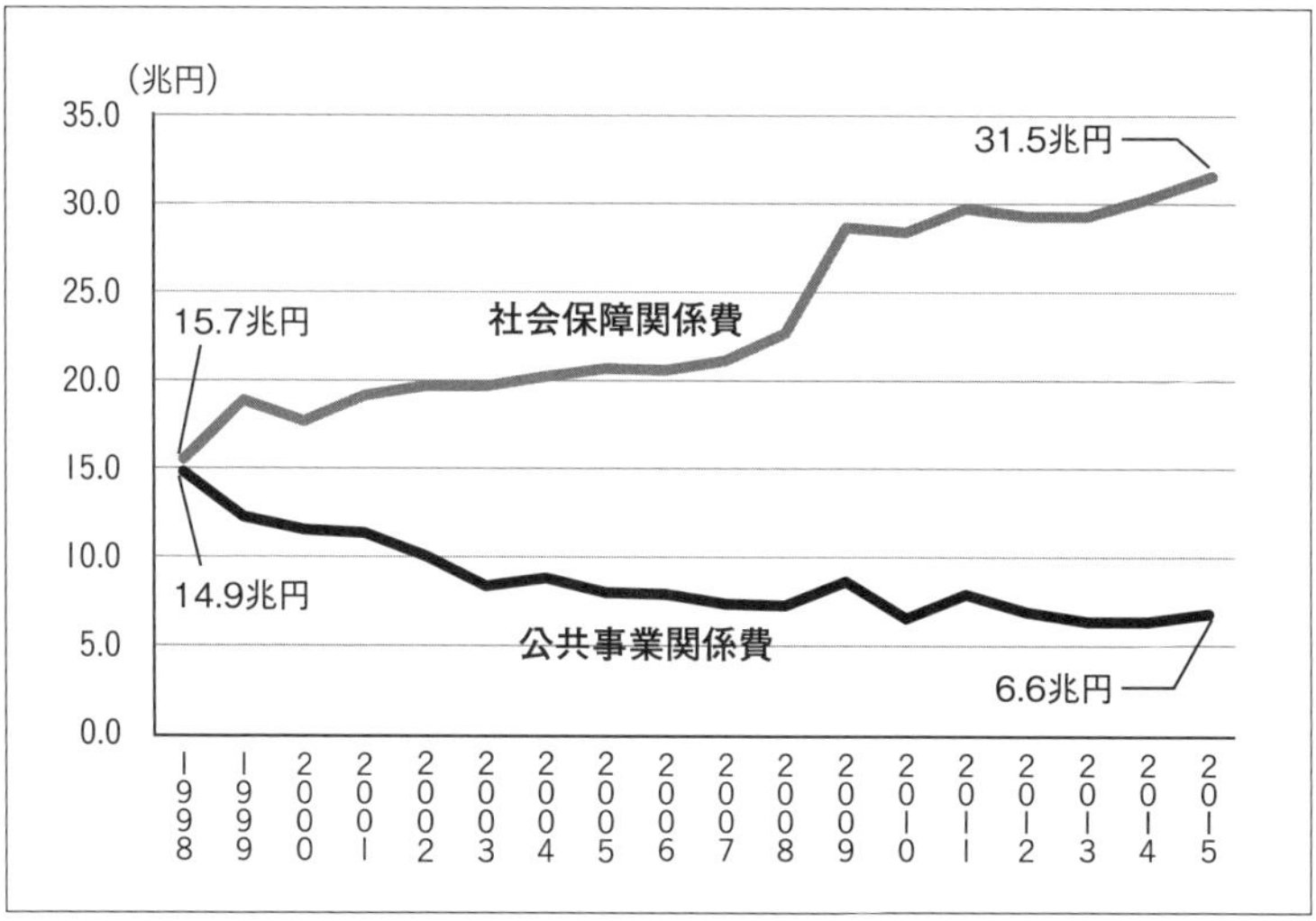

図21　1998年から2015年までの政府における社会保障関係費と公共事業関係費の推移

（公共事業費）の推移を示したものである。

1998年時点では、公共事業費は確かに、今よりも高い水準で、社会保障費とほぼ同様であった。ところが、社会保障費は、うなぎ上りに上昇していき、今やかつての2倍以上の水準にまで至っている。一方で、公共事業費は減少の一途を辿り、現時点では半分以下の水準となっている。そして両者の格差は、社会保障が約31・5兆円であるのに対して公共事業費は6・6兆円と、「5倍」にまで拡大してしまっているのである。

つまり、これまで繰り返し「そもそも日本の借金が増えたのは、無駄な箱物を作り続けた〝公共事業〟が大きな原因だ」という印象を持たざるを得ない論述が繰り返されてきたのだが、それらはいずれも、公共事業に「濡れ衣」を着せるような**悪質な印象操作**に他ならぬものだったのである。「多額の公共事業費が借金の原因」という事実認識は、世論の中で社会心理学的にねつ造された「虚構」に過ぎなかったのである。

日本のインフラは十分なのか？

日本の公共事業の予算は削減されてきている――ということを指摘したが、もし、日本には十分なインフラストックが既に存在しているのなら、それは一向に構わない。つまり、「そもそも成熟社会となった日本にそんな箱物なんてほとんど要らない」のである。だから、必要なのは、せいぜい既存インフラの「メンテナンス」だけとなるだろう——こうした認識が、「公共事業費の大幅削減」を正当化しているのが実態だ。作らないで、メンテナンスだけしている分には、予算なんて大してかからないだろう、という次第である。

しかし、こうした見解は大いなる誤謬に塗れているのであり、公共事業の大幅削減は、こうした認識からは正当化され得ぬものなのである。そもそもこうした見解の基調には、日本のインフラの整備水準は先進国の中でも十分に高いかのようなイメージがあるが、そのイメージは、完全に事実と乖離している。

図22をご覧頂きたい。これは、日本の２０１５年現在の時速80キロ以上で走行可能な高速道路のネットワークだ。ご覧のように、東京周辺ではそれなりに整備され、名古屋、大阪や山陽地方等にも一定整備されているが、北海道、日本海側、紀伊半島、四国、東九州など、整備されていないエリアが広大に残されている。

一方で、図23〜図25は、今から20年前の１９９６年時点のイギリス、アメリカ、ドイツの同様のネットワーク図だ。一目瞭然だが、日本とは比べものにならない密度で、高速道路が整備されている。この三カ国で最も密度の低いイギリスですら、日本のような「未整備エリア」はほとんど見られず、文字通り「網の目状」に整備されている様子が分かる。

＊54　五十嵐敬喜、小川明雄『道路をどうするか』（岩波新書、２００８年）

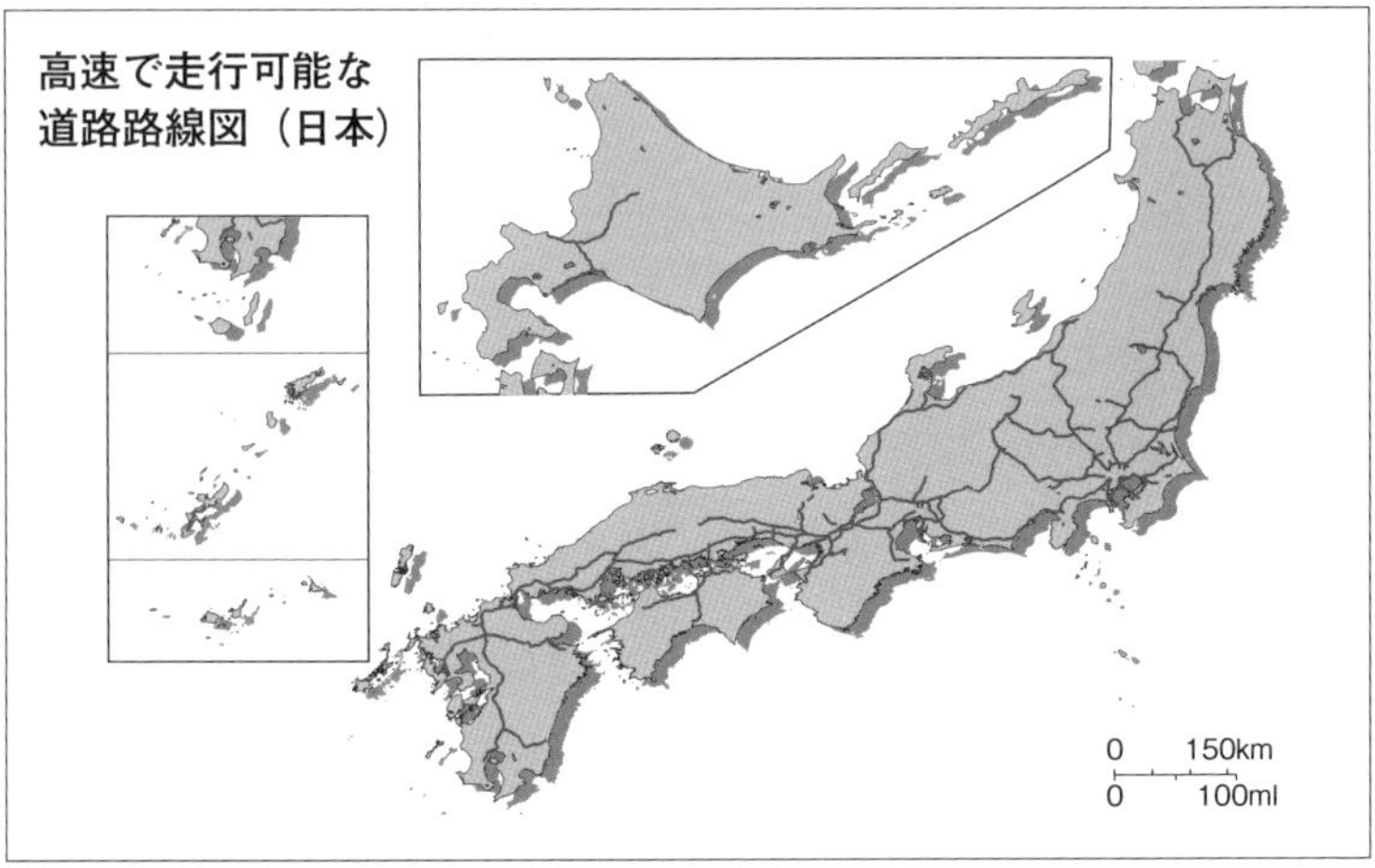

図 22　高速道路ネットワーク（時速 80 キロ以上で走行可能）（日本）
算出方法：一般財団法人日本デジタル道路地図の規制速度から算出
対象道路：道路種別、車線数を問わず、全ての幹線道路を対象

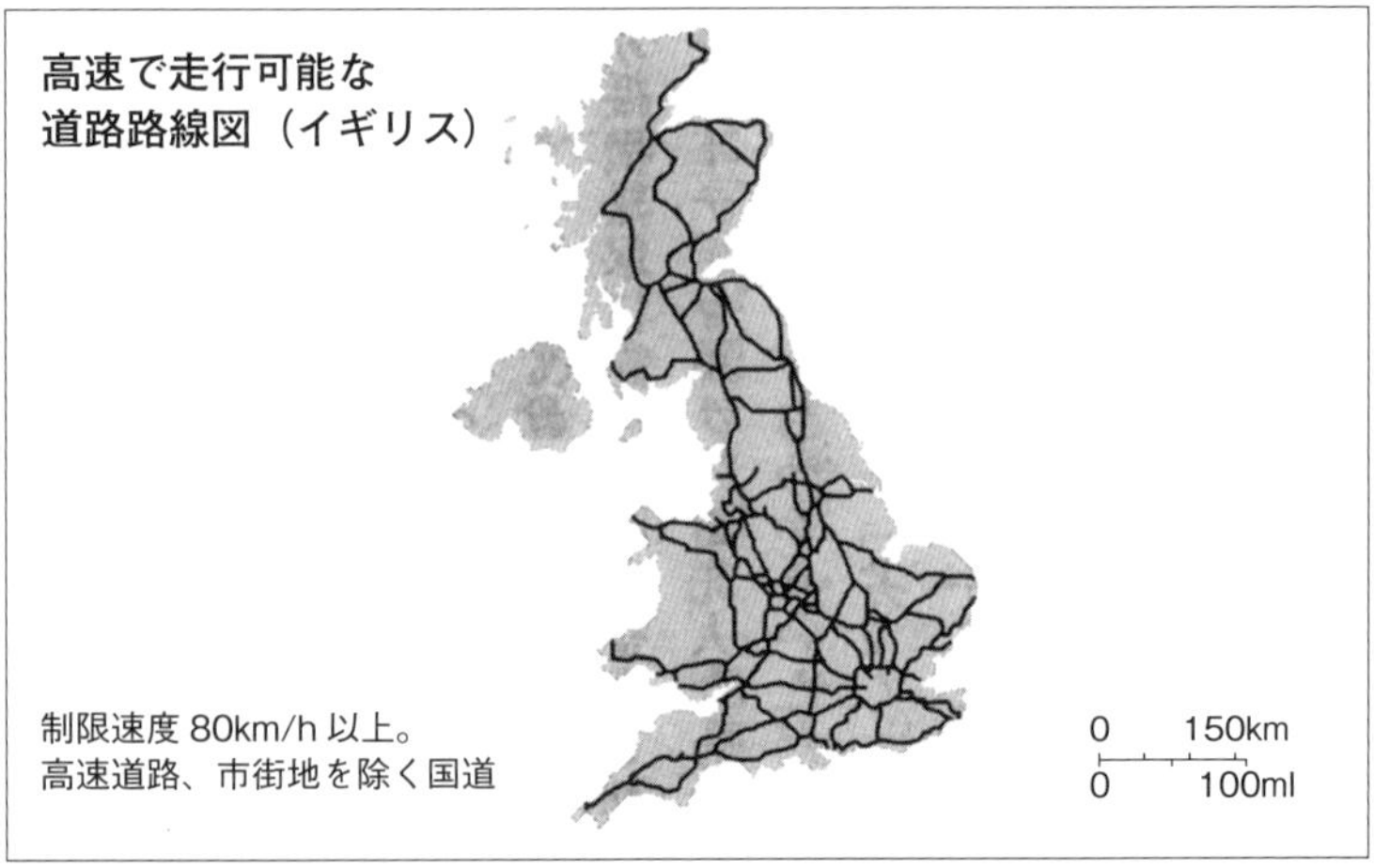

図 23　高速道路ネットワーク（時速 80 キロ以上で走行可能）（イギリス・1996 年現在）
出典：（社）交通工学研究会：写真で見る欧州の道路交通事例集、1994／『超インフラ論』（PHP 新書）

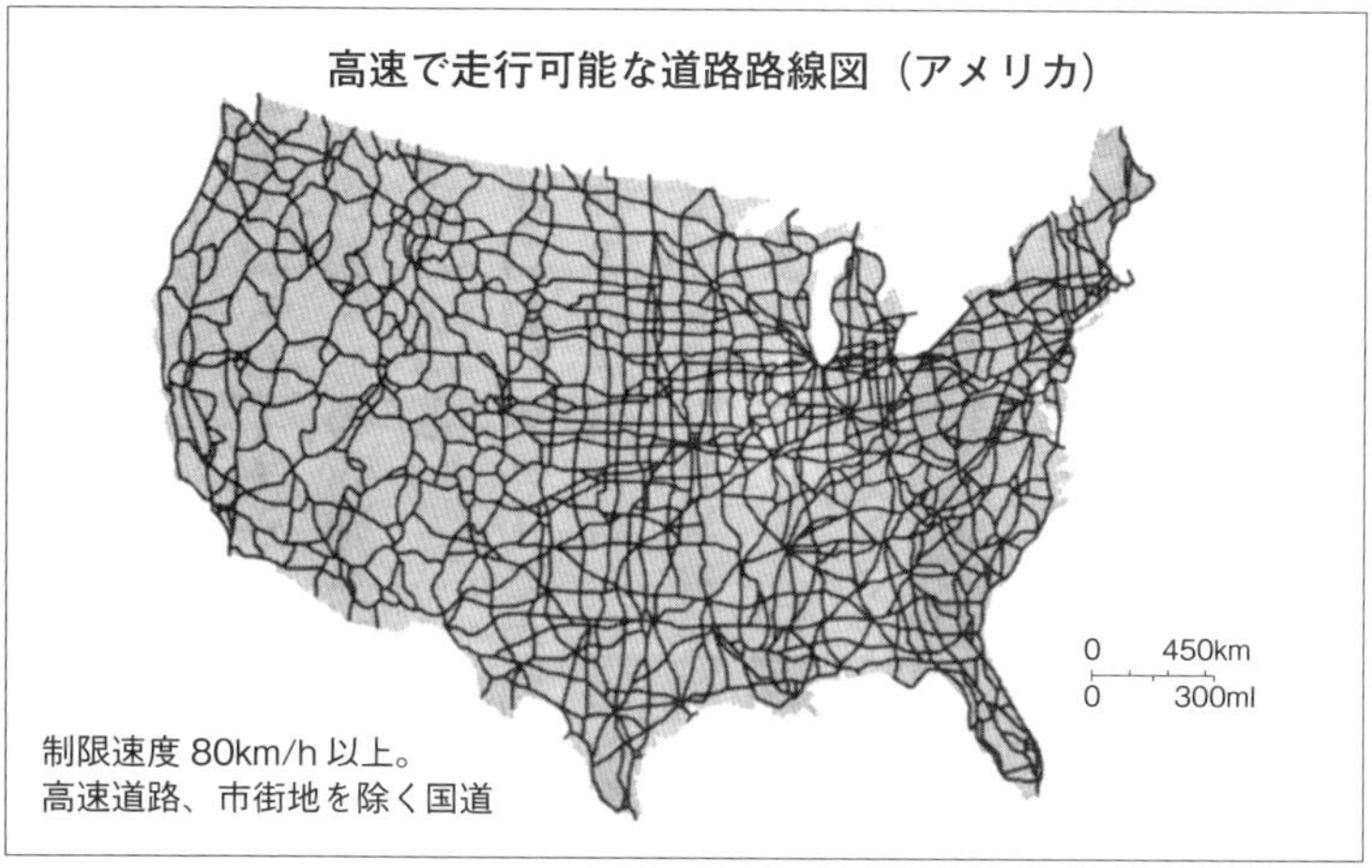

図 24　高速道路ネットワーク（時速 80 キロ以上で走行可能）（アメリカ・1998 年現在）
出典：（社）交通工学研究会：写真で見る欧州の道路交通事例集、1994 ／『超インフラ論』（PHP 新書）

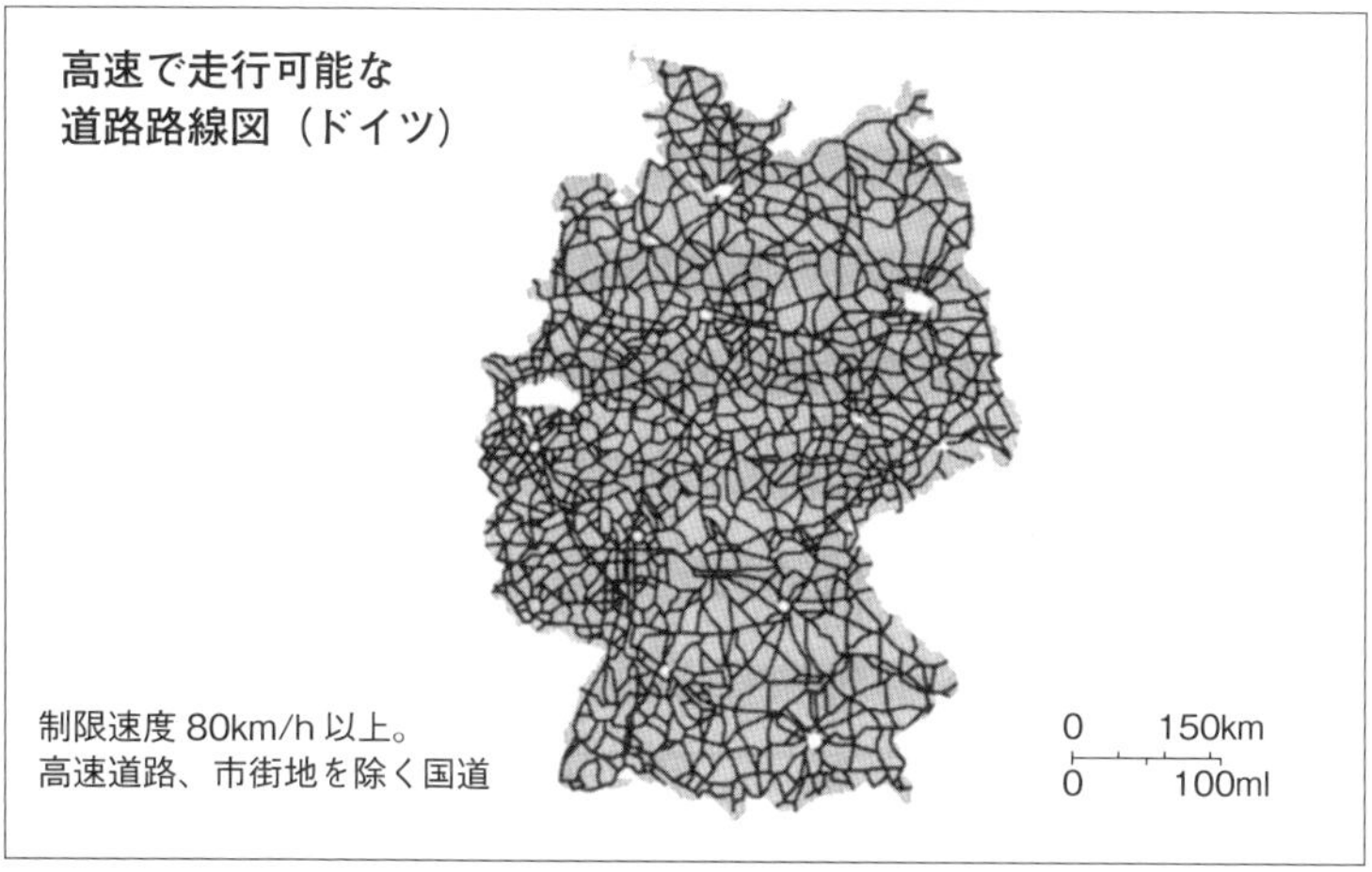

図 25　高速道路ネットワーク（時速 80 キロ以上で走行可能）（ドイツ・1996 年現在）
出典：（社）交通工学研究会：写真で見る欧州の道路交通事例集、1994 ／『超インフラ論』（PHP 新書）

アメリカでは、あの広大な大地に、より濃密に「網の目状」に道路が作られている。ここで重要なのは、アメリカは日本よりも圧倒的に「人口密度」が低く、ほとんど人が住んでいないような地域も広大に広がっている——にもかかわらず、全国にくまなく道路が作られている、という事実である。それはそもそも第一に、道路は、「街と街とを結ぶ」ものなのだから、人が少ない地域でも道路を作るのは当たり前だからだ。そして第二に、人が少ないからといって道路を作らなければ、格差がますます拡大してしまうのだから、全国の均等な発展を願う政府は、全国に最低限のインフラとして道路を整備しているのである。そして図25のドイツに至っては、アメリカをさらにしのぐ密度で道路ネットワークが作られている。これだけの豊富なインフラがあれば、どこに工場を作ろうがどこに住もうが、あらゆる場所に短時間の内にたどり着くことができるだろう。

いずれにせよ、わが国は、未だに20年前の欧米諸国の道路の整備水準には到達していない、というのが、紛う事なき「事実」なのである。

もう一つの代表的なインフラである「新幹線」について言うなら、今、日本には「20万人以上の人口をかかえているにもかかわらず、新幹線が接続されていない都市」が実に21もある。[*55] 一方で、ヨーロッパではここ数十年、急速に新幹線（すなわち、高速鉄道）ネットワークの整備が進み、おおよそ20万人以上の都市において整備されていない、というケースはほとんどない。例えば新幹線のない20万人以上都市は、フランスではオルレアンとクレルモンフェランの二都市だけ、ドイツではケムニッツ、ただ一都市だけだ（ちなみに、ドイツとフランスの人口を合わせれば、日本よりも多い）。

――以上、要するに代表的な国土全体を形成する都市間インフラである高速道路も新幹線も、わが国は決して「先進国並み」とは言えないレベルなのである。つまり、「そもそも成熟社会となった日本にそんな箱物なんてほとんど要らない」というイメージは二重の意味で間違っているのである。

第一に、「成熟社会」の象徴とも言える欧米では、「箱物」とも言われるインフラは山のように整備されているのであり、「成熟社会に箱物なんて要らない」というイメージは完全に事実と乖離しているのだ。むしろ、基礎的なインフラが整えられてはじめて「成熟社会」と言いうるのである。

第二に、日本のインフラの水準は、欧米先進国とは比較にならぬほど圧倒的に低いのが事実なのである。この意味においても、わが国の国民が共有するイメージは、本質的に間違っている。インフラの水準から言えば、**日本は決して「先進国」とは言い得ないのであり、「後進国」と言われても仕方なき状況**にあるのが実態なのである。

＊55　藤井聡『超インフラ論』（ＰＨＰ新書、２０１５年）。

そして最後に一つ付言しておくが、このインフラ水準の格差は、直接、経済成長力の格差に直結するものなのである。筆者の研究室の分析より、「西側先進国」の過去10年間のGDP成長率は、新幹線と高速道路の整備水準が高い国ほど高く、低い国ほど低い、という統計的事実が明らかにされている。[*56] これは、こうした都市間の交通インフラは、生産性の増進を促すと共に、様々な消費や投資を喚起し、需要を拡大する効果（一般的に、ストック効果、と言われる）を持つものだからである。かつて、カール・マルクスやアダム・スミスが論じたように、都市間交通インフラは、その国の国家経済の基盤中の基盤となり、その有り様を決定づけるものなのである。そしてスティグリッツがかの分析会合で指摘したように、インフラ投資の衰弱は生産性の停滞をもたらすのである。

日本の「インフラ投資額」は十分なのか？

ところで、日本の世論が抱いているイメージが誤っているのは、新幹線や高速道路の整備水準が、先進諸外国に比べて低い——という点だけではない。日本のインフラ関係費は、「メンテナンスだけ」でいいのだから、予算は安くても良い、と認識されていることもしばしばだが、その認識が根本的に誤っているのだ。

なぜなら現状の公共事業費では、その「メンテナンス」ですら十分に行っていくことができない程に縮退しているからである。

２０１２年の12月には、中央自動車道の笹子トンネルの天井が崩落し、９名の尊い命が失われてしまった。これは結局は、公共事業費の大幅削減のあおりを受け、全国各地にあるインフラの基本的なメンテナンスが不十分な水準となってしまっていることを示している。コンクリート構造物の寿命はおおよそ50年。だから、50年代、60年代の高度成長期に大量につくられたインフラが、まさに今、一気に老朽化し、寿命を迎えつつあるのだ。だから、「メンテナンスだけだから、公共事業費は低くて良い」という認識は、完全に間違っている。

そもそも普通は、メンテナンスの必要性が高まったのなら、予算を拡大していくものだ。例えば、全国の様々な橋が老朽化のために落ち、インフラ老朽化問題が先鋭化した80年代のアメリカでは、メンテナンス費用を確保する必要性が世論で叫ばれるようになった。結果、政府はガソリン税を一気に４倍にまで引き上げ、その大部分をメンテナンスに費やす決定を下している。そしてその結果、約５兆円程度であった道路予算が、その後20年間で約２倍近くの９兆円程度にまで増額される結果となっている。公共事業費を半分以下に削減したわが国日本とは、完全に対照的な対応だったのだ。

さらに言うなら、この度の熊本地震、５年前の東日本大震災を振り返れば、防災対策、そ

＊56　藤井聡『超インフラ論』第３章を参照のこと。

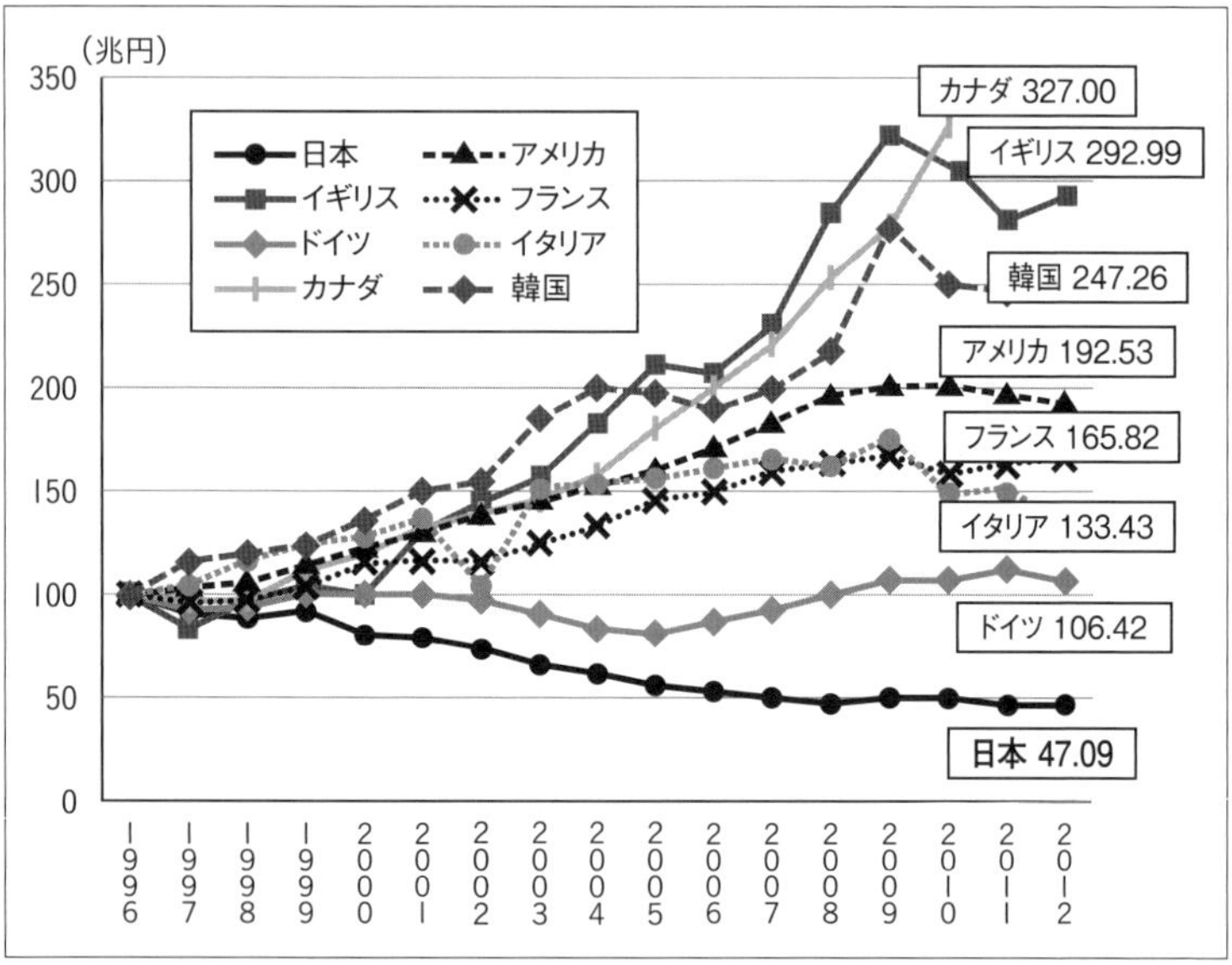

図26　主要各国の公的固定資本形成（政府のインフラ政策のための費用）の推移

して、それを国家レベルで推進し、国家全体を自然災害に対して抜本的に強靭な国にしていこうとする「国土強靭化」が強く求められていることは論を俟たない。折しも首都直下地震や南海トラフ巨大地震をはじめとした巨大地震で100兆円、200兆円規模の被害が予期されている状況にある。

こんな状態では、各種インフラや学校、役所の耐震強化や堤防整備等、様々な防災投資、強靭化投資が求められる事は論を俟たない。

ここで図26をご覧いただきたい。先ほどのグラフでは、日本のインフラ関係費が半分以下にまで大幅削減されてきている様子を紹介したが、このグラフでは、そんな日本を含む先進諸外国のインフラ関係費の推移を示している。これを見ると、日本以外の諸外国ではインフラ関係費を削るどころか、2倍や3倍にまで拡大してきていることがわかる。

――ここで改めて、本章での議論を思い起こして欲しい。

日本はインフラの水準は先進諸外国に比べて低く、諸外国では想像も出来ないほどに巨大な自然災害リスクにも晒されている。そして、インフラの老朽化の問題も近年急激に浮かび上がるにいたった――つまり、インフラ投資の必要性が諸外国よりも圧倒的に高まっているのである。にもかかわらず、諸外国が2倍、3倍にインフラ投資を増やしている中で、日本だけがインフラ投資を半分以下にまで削減しているのだ。

――言うまでもなく、自由主義の日本では、インフラ整備や公共事業など不要だと主張することも個人の自由だ。しかし何人たりとも、ここで示したデータを無視することは、それが客観的事実である以上許されざることなのである。

「公共事業不要論」は、社会的に構成された「虚構」に過ぎない

いずれにせよ、この図26のように、インフラ政策費がわが国においてのみ削減されてきた背景にはやはり、「日本破綻論」「プライマリー・バランス論」に代表される「緊縮」主義が

世論と国会、政府を席巻していたことに加えて、「公共事業不要論」が日本の隅々にまで深く浸透してしまっていたからだと考えざるを得ないだろう。

その結果、橋やトンネルの崩落の危機が高まっていくにもかかわらず、必要とされるメンテナンスも不十分となり、巨大災害のリスクが深刻化するにもかかわらず、防災対策、強靭化対策もおざなりにされ、そして、諸外国とのインフラ格差が日に日に拡大している中、その事実については国民に隠蔽され続け、その格差もまた放置され、その帰結として国際競争力が相対的に凋落し続ける結果に至っているのである。

さらには、先の章にも示したように、インフラ投資は、その供給力の増進においては時間遅れ（タイムラグ）を伴う一方、効率的に現時点でのデフレギャップ（需要不足）を埋める事ができるものでもあった。したがって、インフラ投資の削減は、デフレ不況の長期化をもたらす最大の原因でもあったわけである。

こうしたインフラの危機、自然災害の危機、諸外国とのインフラ格差の放置に伴う国際競争力の低下、そして、デフレ不況の固定化に対する巨大貢献——といったものをもたらしている本質的なものが、世論における「公共事業不要論」の「既成事実化」だったのである。

ここでもう一度、その「公共事業不要論」を確認してみよう。

公共事業不要論——「そもそも日本の借金が増えたのは、無駄な箱物を作り続けた〝公共事業〟が大きな原因だ。そもそも成熟社会となった日本にそんな箱物なんてほとんど要らないし、借金だらけの日本にそんな余裕はない。だから公共事業はできるだけ減らしていくのが大切だ」

繰り返すが、今の借金を増やしている最大の要因は社会保障であり公共事業ではない。その意味で、公共事業不要論の前提は事実とは異なっている。

そして、日本には成熟社会と言いうる程に十分なインフラはない。しかも、交通インフラは成長力それ自身を規定するものであり、かつ、巨大な自然災害リスクも抱えているのだから、インフラを「ほとんど要らない」と断ずる公共事業不要論は間違っていると言わざるを得ない。

さらに、（十分な金融緩和の裏付けの下で推進される）大規模な国債発行に伴うインフラ投資は、デフレを脱却するための切り札的存在だ。だから、「借金だらけの日本にそんな余裕はない」とは断じて言えないのであり、その意味においても公共事業不要論は間違っている。

したがって、公共事業不要論の結論的主張である「だから公共事業はできるだけ減らしていくのが大切だ」とは決して言えないのであり、防災、経済成長のために、インフラ投資、公共事業が是が非でも求められているのである。実際、何度も繰り返すが、かの分析会合でスティグリッツは「効果的な施策」を論じた際に、一番筆頭にあげたのが「インフラ」への投資だったのだ。クルーグマンもまた、財政政策の具体例を論ずる際に、いの一番に「インフラ支出の増大」に言及しているのだ。

すなわち、「公共事業不要論」はあらゆる意味において虚構であるとしか言い得ないものなのである。デフレが深刻化し、あらゆる財出のカットを求める「緊縮」主義と、「公共事業」を中心とした政府の政策を忌み嫌う「競争」主義が世論を席巻した状況下で、「事実」とは無関係に、社会心理学的なメカニズムを通して作りあげられていった現代の神話――それこそが、「公共事業不要論」なのである。

つまり、「公共事業不要論」もまた、デフレが産み出した鬼っ子なのであり、その鬼っ子が実際に、図26に示したように、先進国の中で唯一、異常に過激な公共事業関係費の削減を推し進めていったのである。そしてその結果、「公共事業不要論」は自らの親である「デフレ」をさらに強化させていったのである。

これこそが、「失われた20年」の真相だったのである。

終章　アベノミクスを成功させる「5つの提案」

以上、本書では、デフレを「完全脱却」することを通して、政府がその実現を目指している600兆円経済を実現させ、そして、国民所得を一人当たり平均80万円増進させる政策のあり方を包括的に論じた。

本書の全ての出発点は、「デフレ」こそが現代社会の諸悪の根源である、という事実認識であった。繰り返すが、それは失業・倒産を増やし、貧困を深め、東京一極集中をもたらし、国家全体の外交力、国防力、防災力、ひいてはそれを全て合計した「国力」を弱体化させている。かつて日本はアメリカの約7割、ロシアも含めた全ヨーロッパの約5割ものGDPを叩き出していたのだが、現在ではアメリカの四分の一、全ヨーロッパの2割程度のGDPしかない、中小国家へと凋落してしまったのだ（256頁に改めて再掲した図2を参照されたい）。

それもこれも全て、わが国一国だけに憑依した「デフレ」がもたらした必然的帰結なのだ。

そして、この諸悪の根源、デフレを根絶するためには、クルーグマンやスティグリッツが強調した「財政政策」が何よりも求められている一方で、デフレ下では、どうしても社会に「緊縮」主義と「競争」主義が蔓延し、「財政政策」が大規模に展開できず、デフレが延々と続いてしまう——という社会学的メカニズムが存在することを指摘した。

その上で本書では、デフレ脱却の処方箋である「財政政策」を阻む、「日本破綻論」「プライマリー・バランス論」そして、「公共事業不要論」のそれぞれが、客観的な事実やデータとどれだけ乖離しているかを一つひとつ解説した。そして、それらを通してやはり、デフレ脱却のためには、スティグリッツやクルーグマンが主張するような、インフラを含む長期的投資を中心とした財政政策こそが求められているということを改めて確認した。

デフレ完全脱却と600兆円経済の実現を企図する本書を締めくくるにあたり、現下の日本の今日的状況を踏まえつつ、筆者から以下を提案する。

「600兆円経済実現のための5つの提案」

【提案1】2017年の消費税増税は延期
【提案2】財政政策を基本とした「所得ターゲット政策」を改めて宣言
【提案3】デフレ完全脱却こそ、最大の「財政健全化策」と宣言
【提案4】3年以内の「デフレ完全脱却」を目指し、「規律ある財政拡大」を図る
【提案5】デフレ脱却後は、「中立的な財政運営」を図る

以下、一つずつ、これを解説することとしたい。

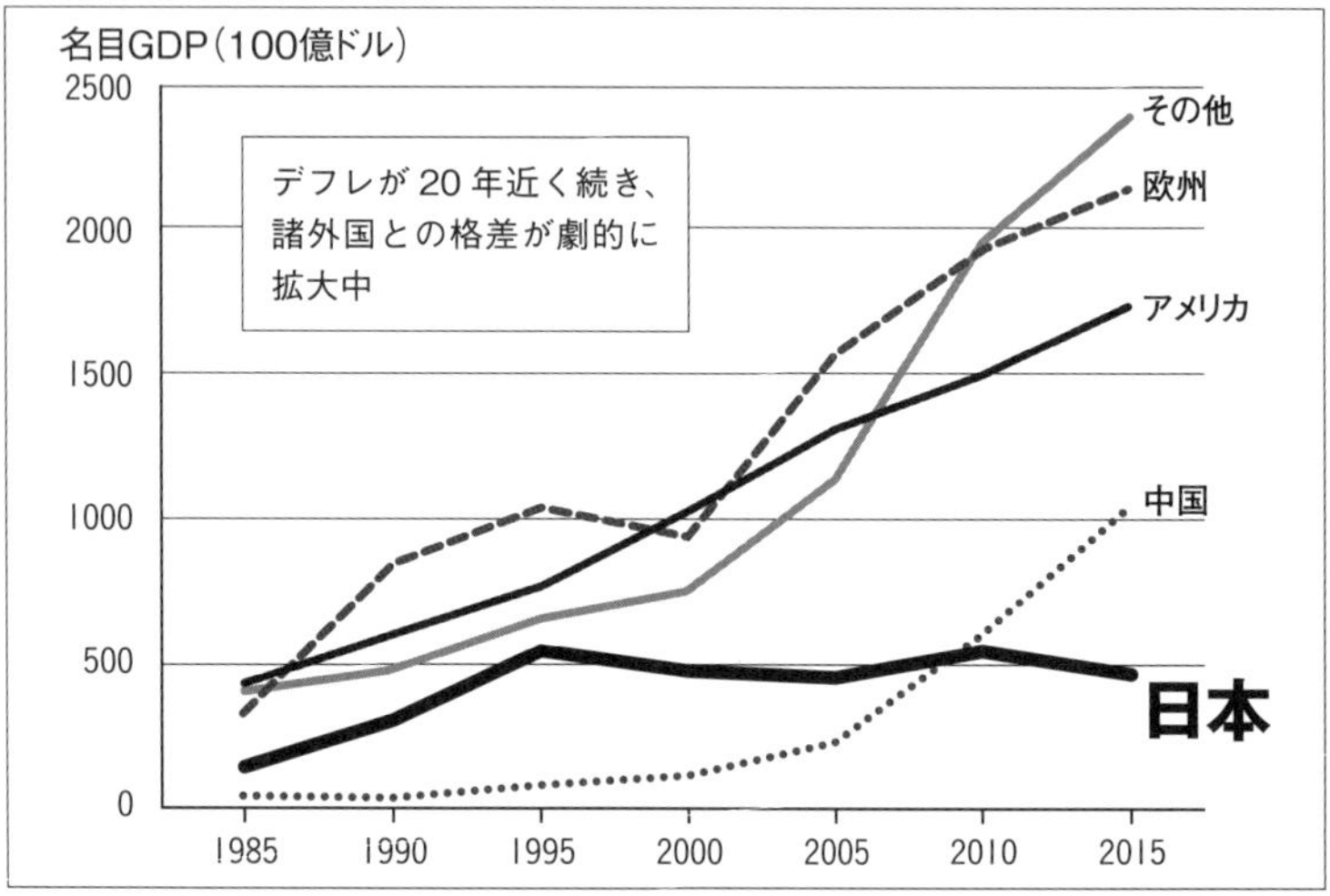

図２　世界の主要国等の名目ＧＤＰの推移（再掲）

【提案１】２０１７年の消費税増税は延期

まず第一に、現下の経済状況を踏まえたとき、２０１７年４月に予定されている10％への消費税増税については、最低限「延期」することが不可欠だ。そもそも、現状では消費税８％への増税ショックがいまだ継続している。既に第４章でも示した通り、東日本大震災を経ても伸び続けた実質消費が、消費税増税を皮切りに一気に凋落、増税前から実に６・７兆円も冷え込んでいる。それと同時に、２０１５年の上海ショックを皮切りとして始まった世界的な同時不況状況は、その深刻の度を日に日に深めている。今のところ、石油の過剰供給によるオイルの価格が大幅に下落し、10兆

世界経済の収縮は、すでにリーマンショック級

世界貿易額（ドル建て）は2013年から減少傾向。2015年は前年比マイナス13.8%と、リーマンショック後の2009年以来、最大の急落。

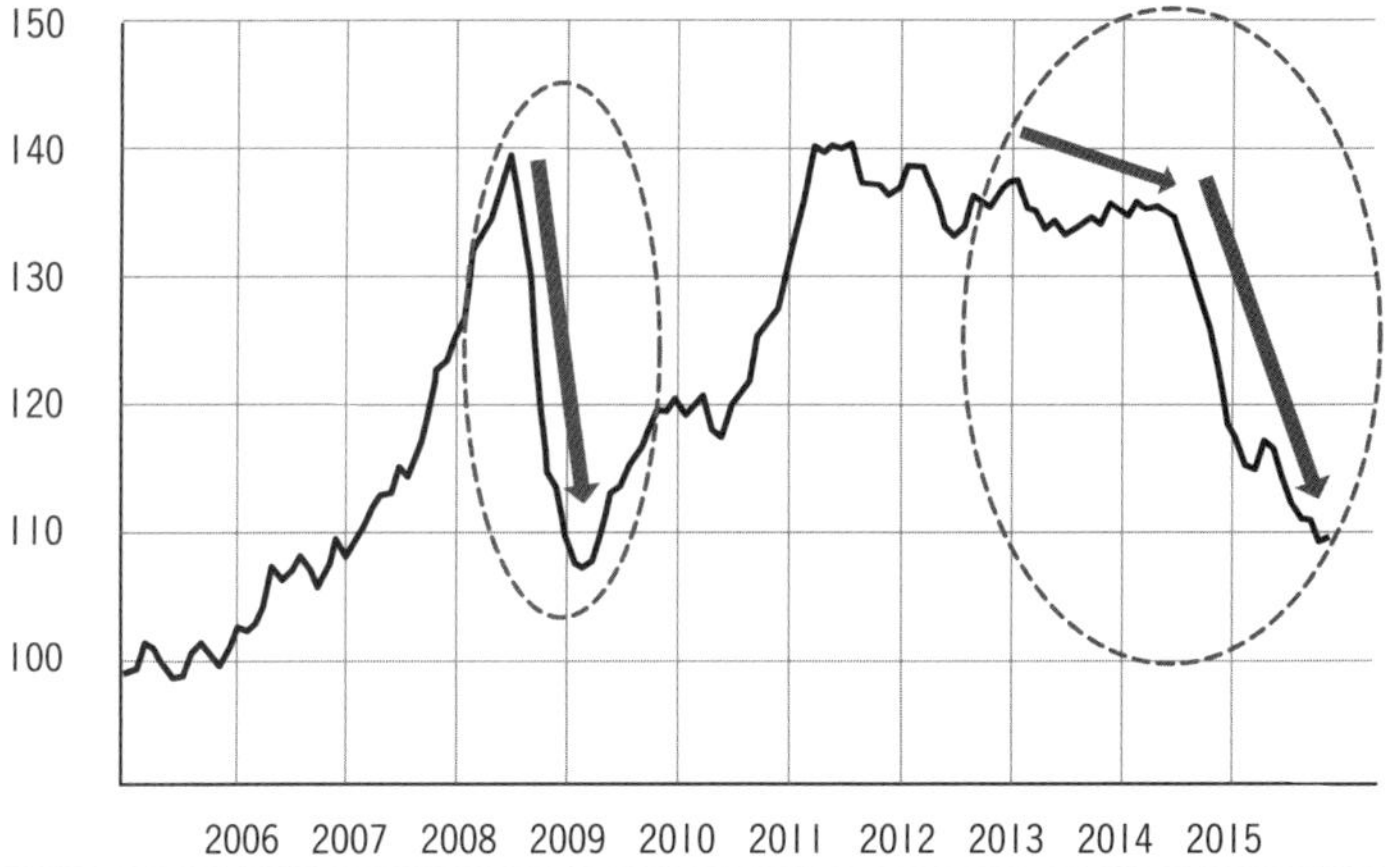

図27　世界貿易額（ドル建て）の2005年からの推移

円規模で「輸入」の総額が縮減できていることから、この世界同時不況の影響は一定程度緩和されている。しかし、図27に示したように、世界中の需要は縮小し、貿易額は2013年から徐々に減少し、2015年にはリーマンショック後で最大の落ち幅を記録している。つまり、2013年からの減少量で言うなら、その収縮幅は既に「リーマンショック級」とも言いうる状況になりつつある。

　こうした状況で消費税をさらに増税すれば、消費がさらに縮退し、成長率が鈍化することは必至だ。折しも2016年3月には、震度7を二度も記録する熊本地震が勃発してし

まった。これにより被災地は数多くの貴重な人命も含めた大被害を被っている。そして現地に工場を設けていた各種の日本の製造業も打撃を受けた。これらの状況を総合的に判断すれば、今は「合わせ技一本」とでも言うべき状況であり、少なくとも経済政策の視点から考えれば、２０１７年4月の消費税増税は延期することが必要であると言わざるを得ないのである。

【提案２】財政政策を基本とした「所得ターゲット政策」を改めて宣言

次に、総理が２０１５年秋に宣言した「６００兆円経済の実現」を、総理が改めて宣言することが必要である。これは、本書でも述べたように、新アベノミクスの根幹となる政策であるが、これを宣言する際、**平均国民所得を80万円増進させる取り組み**であることを強調することが必要である。つまり「名目６００兆円の実現」という目標は、日銀による物価ターゲット政策ではなく、２％インフレを目指す日銀のサポートを受けながら、**政府が主体となって推進する「所得ターゲット政策」**である旨を、政府が宣言することが必要である。

この「所得ターゲット」政策は、理論的にはＮＧＤＰターゲット政策（Nominal GDP ターゲット・名目ＧＤＰターゲット・名目所得ターゲット政策）とも呼ばれるもので、**その目標実現の**

ためには「日銀の金融政策」のみならず「政府の財政政策」が必須となる（サマーズ「長期停滞にどう向き合うか」参照）[*57]。

こういうNGDPターゲット＝所得ターゲットについてのコミットメント（約束）を「政府」が行うことで（インフレ率2％を日銀が達成するまで金融緩和を行うというだけでなく）、政府が、名目GDP600兆円目標を実現するまで、必要な財政政策を行うということが国民の面前で明らかに示されることとなる。この公的なコミットメントが、マーケット関係者の期待インフレ率を上昇させ、金融政策とあいまってさらに強力に民間投資を引き出すことになる。

【提案3】デフレ完全脱却こそ、最大の「財政健全化策」と宣言

ただし、一部の国民は、そうした財政政策を行うことが、日本の借金問題を加速するのではないか——という懸念を持つことが危惧される。実際、本書でも何度も指摘したように、「日本破綻論」は、客観的事実を踏まえれば単なる虚構に過ぎぬものであったとしても、そ

＊57　ローレンス・サマーズ（元米財務長官）「長期停滞にどう向き合うか：金融政策の限界と財政政策の役割」『フォーリン・アフェアーズ　リポート』（2016年3月号掲載）

の認識は根深く国民の心にいまだ残っている。

しかも、デフレ脱却のために「短期的」な財政拡大は必要であるとしても、デフレ脱却後は、過剰な財政出動はもちろん必要はない。そこでは第5章でも指摘したように「出口戦略」も求められる。そして「長期的」な視点から財政再建を考えることは重要な課題であることは論を俟たない。

そうした国民の存在も踏まえれば、「財政再建」を如何なる戦略で達成するのかを明らかに宣言することは重要な課題である。

この点については、本書でも何度も繰り返し指摘したように、日本の財政が危機的状態になったのは、デフレに陥ったからである、という事を忘れてはならない。デフレになってGDPが縮小し、税収が減ったことが最大の財政危機の原因だ。最悪の時点では、今よりもおよそ20兆円も税収が少ない時もあったのだ。だから逆に、デフレ脱却が叶えば、名目GDPは拡大し、税収が拡大していくことは明白だ。そして、PBの赤字は確実に縮小されていき、かつて日本の景気が良かった時のように、「黒字」化していくこととなる。すなわち、デフレが完全脱却するなら、財政は自ずと再建するのである。

実際に政府はこれまでにもこうした点を踏まえ、「成長なくして財政再建なし」という理念を掲げてきた。ついては今、ここで名目GDP600兆円を目指す財政政策を始めるにあたっては、その理念をさらに強烈に打ち出すべく、

「デフレ完全脱却こそが、最大の財政健全化策である」

と宣言することが得策なのである。

民主主義のわが国では、国民が支持しない政策は、どうしても長期的に継続することが難しくなる。だからデフレを完全に脱却するまで財政政策をしっかりと展開していくためには、財出の拡大について財政再建の視点から不安を抱く国民に対しても、明確なメッセージが求められる。その時、デフレ完全脱却のために「財政政策」を行うことが、逆説的にも中長期的に財政を健全化させていく、という点を、国民に繰り返し主張していくことが、行政側・総理側の「説明責任」となるのである。

【提案4】3年以内の「デフレ完全脱却」を目指し、「規律ある財政拡大」を図る（初年度は15〜20兆円規模）

そして、デフレ「完全」脱却のための財政拡大を3年限定で遂行することを宣言する。

ここで、「3年限定」とするのは、これはあくまでも永続的な財出拡大ではなく、クルーグマンが指摘した「脱出速度」を確保するための財出だからである。

脱出速度を確保するためには、本書で論じた「デフレ脱却のメカニズム」を踏まえるなら、最低限、デフレギャップを埋める規模が必要だ。

現在内閣府が6兆円強のデフレギャップが存在していると試算しているが（2015年）、これを基準として考えれば、「2015年に執行されていた約3兆円強の補正予算でも、確実に過小評価してしまう推計方法で「8兆円」強足らないのだから、現在の補正予算は、最低でも両者を足した11兆円程度が必要である」ということになる。

ただし、デフレギャップの推計方式には多様なものがあり、この内閣府の推計は圧倒的に「過小評価」となるものであることが知られている。[*58] つまり、本来のデフレギャップは8兆円ではなく、その額の財出拡大だけではデフレギャップは埋まらない。したがって、この数値を下限と考えれば、現時点では15～20兆円程度の財政政策が必要であるということとなる。

また、次年度以降は、その時点でのデフレギャップを的確に推計しつつ、その規模を決定していくことが必要であろう。その際の基本的な考え方は、

必要な財政出動額 ＝ 昨年の財政出動額 ＋ デフレギャップの推計値

である。そして、「デフレギャップの推計値」は、繰り返しとなるが註58に示したように、「最大概念の潜在GDP」を想定することが必要である。そうでなければ、「デフレ完全脱却」は果たせないからである。

ここで重要なのは、財政出動額は、上記のように「合理的に推計した、デフレ脱却のため

に必要な額」を基準とすべきであり、決して、「プライマリー・バランス」を、財出の直接的な制約と考えてはならないという点である。なぜなら、プライマリー・バランス制約の下で許容される財出額の方が、デフレ完全脱却のために求められる財政出動額よりも「小さ」い場合、結局は、日本はデフレ脱却が果たせない、ということになるからである（そしてデフレ下では、ほとんど常にそうなってしまう）。この場合、プライマリー・バランスが、日本のデフレ脱却を阻む障害となってしまうのである。そもそもプライマリー・バランスは日本の国益のために想定されていたものであるのに、かえってそれが国益を大きく毀損することになってしまう。これでは、本末転倒だ。

＊58　デフレギャップ算定時、「供給」を求めることが不可欠となるが、これはデフレ下では実現しておらず、推計せざるを得ない。内閣府はこの供給を推計するにあたり基準としているのが、過去数年間の実現したGDPの平均をベースに推計する「平均概念の潜在GDP」である。これは、今閑古鳥が鳴いている店や工場が、過去数年間どれくらい稼働していたかを基準とするものである。しかし過去数年間の稼働率は、それぞれの工場や店が本来求めている水準であるとは限らない。したがって、平均概念の潜在GDPが達成されたとしても、それぞれの店や工場は十分な収益が得られるとは限らないのであり、したがって、デフレは終わらない。デフレを終えるためには、それぞれの店や工場が望む十分量の（過去数年間経験したことがないような水準の）需要が得られたときだ。いわば、店や工場がフル稼働した時が、本来の供給量である。そうした潜在GDPは一般に「最大概念の潜在GDP」と呼ばれる。言うまでもなく、平均概念の方が最大概念の潜在GDPよりも小さい。したがって、内閣府が推計するデフレギャップは、常に過小評価されていると判断せざるを得ないのである。

一方で、政府が財政政策を行うにあたっては、その財政拡大が野放図なものであってはならない。そこには必ず「規律」が求められる。その「規律」の第一番目が、上記のような「合理的な財政出動額」決定だが、それに加えて、第5章で論じた、

原則1：「出口戦略」

原則2：「ワイズ・スペンディング」

の二つの原則を堅持することが必要だ。

ついては政府は、所得ターゲットを財政政策で実現することをコミット（約束）すると同時に、その出口戦略のビジョンを明らかにすることが必要不可欠となる。

筆者はその出口戦略は、以下の3点を基本とすることが得策であると考える。

①　**3年限定**（3年の間毎年デフレギャップを埋める財政拡大を行うことで、確実に3年以内にデフレ完全脱却を図る）

②　**デフレ脱却の基準の事前設定**（名目成長率3％および実質成長率2％、あるいは、実質賃金の増加率が2％以上の状態を2年間継続すれば、デフレ完全脱却と見なす）

③　**早期終了も想定**（3年以内でも、デフレ完全脱却が判定されれば、2年でも終了する）

一方、財政出動の「内容」を決定するにあたって大切なのは、上述した「ワイズ・スペンディング」を基本とすることである。その際には、現在求められる行政ニーズ（震災復興、防災・強靭化対策、成長戦略、地方創生、一億総活躍、等）を踏まえることは当然だが、効果的にデフレ脱却を果たすためには、（にわかに供給を増やし、デフレギャップを拡大してしまう）短期的投資ではなく、長期的投資を中心とする事が得策である。つまり、**テクノロジーや人材・教育、インフラ、**あるいは、**「まちづくり」**などの多面的な効果を長期的に発揮する投資を重視する姿勢が、デフレ脱却においては極めて効率的である。その際、**「長期的な投資プラン」を策定し、公表すれば、期待インフレ率は一気に上昇し、**デフレ脱却にさらに弾みをつけることができる。

また、財政政策だけでデフレ完全脱却を目指すのではなく、政府の資金調達コスト（すなわち、金利）を効率化するためにも、これまで通りの金融政策を継続していくことが極めて重要である。特に現時点では、金利は限りなくゼロ、あるいは、「マイナス」となっている。この状況を活用し、**「基金化」**も見据えながら、政府は効率的に財源を調達し、様々な政府プロジェクトを推進していくと同時に、**「財政投融資」**の枠組みを使い、**民間に大量の資金を（実質上）「無利子」で貸し付け、投資を拡大していくという方法**[*59]も極めて効果的となろう。

それと同時に、クルーグマンが言及した**「内需を拡大する構造政策」**もあわせて実施することが得策である。その際、ここでも、短期的に供給を増やしてしまう民間投資ではなく、長期的な生産性を上げる民間投資の誘発を企図することが重要となる。あわせて、格差を是正しつつ、**中産階級を中心とした国民所得を拡大するような構造を実現する政策を基本とする**ことも必要である。

【提案5】デフレ脱却後は、「中立的な財政運営」を図る

以上の対策を通してデフレ完全脱却が果たせたなら、その後は、「中立的な財政運営」を図っていくことが重要だ。これは、過度に「緊縮」的なものでもなく、過度に「拡張的」なものでもない、という財政運営方針である。したがって、もう財政出動は上記のように「デフレギャップを埋めるために」行うのではなく、その時々の政策の必要性に応じて、「財政規律」に配慮しながら検討していく、という柔軟な姿勢を図るのである。

その時、基準となる財政規律は「債務対名目GDP比」である。

そもそも、**わが国のG20において国際社会に対して公約している最も重要な財政健全化目標は**（その原文を確認すれば明らかな通り、PBではなく）、**債務対名目GDP比の縮減である。**そして、その数学的構造から明らかな通り（170頁の図13を参照されたい）、この債務対名目GDP比は、

① プライマリー・バランス（ＰＢ）
② 金利
③ 名目成長率

の三つの変数の大小関係によって、増減するのである。決して、「プライマリー・バランス（ＰＢ）」だけに依存しているのではない。しかも、ＰＢは、名目成長率が上がれば「改善」していくのは明白な事実だ。こうした諸点を見据えれば、財政運営において何よりも重要なのは、「名目成長率を確保すること」であることが明らかとなる。したがって、名目成長率の確保を前提として、金利とＰＢの動向に配慮しながら、債務対名目ＧＤＰ比を基準として財政を運営していくことが必要なのである。

また、この中立的財政運営において重要なのが、スティグリッツが何度も言及した「均衡財政」原則である。すなわち、（前年からの）税増収分を全額支出する、という原則である。この原則を堅持しておけば、その額に相当する分、着実に「成長」していくこととなる。こ

＊59 この方針は既に、政府において検討され始めている。詳細はこちらの記事を参照されたい。「インフラにゼロ金利融資　政府・与党、財政投融資で最大3兆円」（日本経済新聞、２０１６年4月14日）

れは一見、拡張的財政に見えるかもしれないが、逆に言うなら、この原則は「財政拡大の上限は、税増収分である」ということも意味している。つまり、**この原則を堅持していれば、野放図な財政拡大を制約することもできるのだ**。したがって、持続的な発展を期するために、均衡財政原則は、まさにうってつけの中立的な財政運営方針となり得るのである。

なお、この原則を着実に推進していくためには、これを補正予算ではなく「当初予算」の枠組みで実現していくことが、最も安定的だ。だから具体的には、**「均衡財政」原則で算定される予算枠を「毎年毎年の当初予算のシーリングの上限」と見なして運営していくことが得策である**。

ただし、もしもインフレが加熱しすぎる状況になれば、**「増税」**を考え、景気過熱を抑制していくことも重要な対策となる。「提案1」で消費増税10%の延期を提案したが、消費税を10%にするタイミングはまさに、インフレの加熱（それは単なるインフレ化、ではないのは言うまでもない）が確認出来たときである。一方、デフレの気配が見られれば、補正予算や減税などで機動的に対応していくことも重要である。

——以上が、内閣官房参与（Special Advisor to the Cabinet）として、筆者が京都大学のレジリエンス研究ユニット（実践ユニット）や経済産業研究所等にて長年重ねてきた経済環境整備も含めたマクロ経済研究と、スティグリッツ氏やハ・ジュン・チャン氏、エマニュエル・

トッド氏等をはじめとした世界中の学者達や、原丈人氏ら財界の方々との意見交換を通してたどり着いた結論である。

筆者は今、この5つの提案を踏まえた経済財政運営が展開されれば、必ずやデフレが完全に脱却でき、600兆円経済が実現されるであろう事を確信している。そして、第1章の図2（主要各国の名目GDPの推移。36頁および256頁掲載）で示したように、世界経済における日本の「没落」をギリギリで食い止め、再び経済大国として世界史の中で「復活」させるであろうことを確信している。逆に言うと、この5つの提案の精神から乖離した経済財政運営が展開されれば、デフレは脱却できず、日本の没落も食い止めることができず、このまま日本は、かつて世界を席巻しながらも世界史の中に埋没していったスペインやポルトガルのような中進国に成り下がるであろうことを、心の底から危惧している。

日本の未来を切り開かんためにも、今、何よりも求められているのは、以上に論じた客観的な事実と分析に基づく政策を実現する、「政治決断」だけなのである。

おわりに

平成28年6月1日午後6時、伊勢志摩サミットや国会会期を全て終えた安倍総理は、「消費増税延期」を改めて宣言する記者会見を行った。それは、本書でも詳しく論じたように、世界経済の長期低迷に加え、熊本の震災によってさらなる下振れリスクに直面している日本経済が完全なるデフレに舞い戻ってしまうリスクを回避するためだと説明された。

この総理決定は本書の立場から言うなら、本書の「アベノミクスに対する5つの提案」の第一提案の実現を意味するものでもあった。

とはいえ、「デフレ完全脱却」のためには「増税延期」は最低限求められる「必要条件」に過ぎない。それだけでは甚だ不十分であり、本書で何度も指摘したように、デフレ脱却に十分な「脱出速度」が確保できる大胆な経済政策が是が非でも求められている。而して総理会見でもまさにこの点は、繰り返し強く、主張された。

「日本として構造改革の加速や財政出動など政策を総動員していく」

「『三本の矢』をもう一度、力いっぱい放つため、総合的かつ大胆な経済対策を今秋講じる」
「増税延期の間にもう一段加速」(する)
「今こそアベノミクスのエンジンを最大限にふかし、リスクを振り払う。一気呵成《かせい》に抜け出すには**脱出速度**を最大限まで上げる」

これらの発言には抽象表現も含まれてはいるものの、いずれも本書の第四提案である「大規模な財政政策」に関わる発言だと解釈することもできよう。それは本書で繰り返し論じた、クルーグマン教授が強調した「脱出速度」という用語がそのまま活用されているところからもうかがい知ることができよう。

一方、この日の総理会見で消費税増税は「2019年10月」まで延期すると宣言されたが、これもまた、本書の立場から言うなら、その提案と整合するものだと言うことができる。なぜなら、第四提案の大規模な財政政策は**「3年限定」**の提案であり、かつ、第五提案は、それ以後は積極でも緊縮でもない「中立的」な財政運営をすべしと提起したものだったからだ。ここで「3年限定」ということは、財政政策が臨時国会が改めて開催される今年の秋(10月)から始まると考えるなら、その「増税凍結」も含めた積極財政はちょうど2019年10月までということになる。

折しも筆者は、今年のゴールデンウィーク中に本書を書き上げた後、本書の「5つの提案」を官邸で総理にご説明申し上げた。そして、総理からこの「5つの提案」について**「日本経済再生に必要な、具体的かつ実践的な提案だ」**という言葉をいただいた。一学者、一参与として取りまとめた今回の提案に真摯に耳を傾けていただき、本書の「帯」にこうした推薦の言葉までいただいた安倍総理に、改めて心からの深謝の意を表したい。

ただし――本書の提案が実現するか否かはもちろん、この日の総理会見の内容を踏まえてもなお、未定でしかない。国民所得を80万円増やし、600兆円経済を実現する2020年までの4年間、一体何が起こるのか誰にも分らないからだ。

とりわけ、本書で論じたデフレの鬼っ子、「緊縮」主義、「改革」主義を信奉する実に多くの方々が、政府やマスメディア、学会等で大きな影響力を保持しているのが実情だ。彼らがこれからどのような影響力を発揮するのかは、全く予断を許さない。場合によってはそうした力によって「脱出速度」の確保が不能となり、日本のデフレは再び深刻化し、600兆円経済も財政再建も不可能となる、というリスクは十二分以上に考えられる。

ただし筆者は、日本経済に大きな負のインパクトを与える「消費税」の増税は大変に危険だと確信しているが、所得税の累進制を強化したり、配当金等の金融所得に対する課税強化などを通して得られた財源を、低所得者対策や豊かな中産階級の再構築に充当していくという方針は十分に理性的、合理的であると考えている。そうした税制強化は、一部の富裕者層が手にしているいわゆる「不労所得」を主なターゲットにするものだから、日本経済のエンジンである「消費」に冷や水をかぶせるものではない。だからそれは、日本国民の全体としての幸福増進に大きく貢献し得るのである。

ついてはこれまで消費税増税を主張していた方々においても、消費税増税が少なくとも「3年後」まで延期されたという事実を受け止め、新たな税制を「3年限定」で試験的に実施し、これも踏まえながら大規模な財政政策を展開するという方針を検討していく余地はあるのではないかと思う。そうした方針は、国民所得の80万円増と600兆円経済を目指す本書の「5つの提案」と整合するのだから、筆者としても大いに検討すべきものなのではないかと考えている。

いずれにせよこの日の総理会見を皮切りとして、**アベノミクスの「第二ステージ」**がまさに始まることになったことは間違いない。

ただしそれが日本国民を豊かにするか否かは、偏にこれからの「政治決断」にかかっている。そしてその政治決断は、直近の参議院選挙等を通して「国民世論」に直接的に左右される。

だからこそ、我々日本国民が80万円の国民所得を新たに手に入れることができるか否かは、我々自身が「正しい経済政策」論を知っているか否かで決まるのである。そして本書はまさに、そうした「正しい経済政策」論を国民的に共有認識されんことを祈念して出版するものなのである。

ついては本書を最後までお目通しいただいた読者各位においては、本書の内容を是非、友人や知人、ネットやメディア上でご紹介していただければ大変に有り難いと思う。地道ではあるが民主主義のわが国の政策を適正化していくには、そうした地道な取り組みが何よりも求められているのだ。

――本書出版にあたっては、実に多くの方々にご支援、ご協力いただいた。安倍晋三内閣総理大臣をはじめとした内閣・政府関係者、様々な意見交換、情報交換をご一緒している経済政策にかかわる多くの有識者や実務家の皆様方、そして本書の企画立案から丁寧に対応いただいた晶文社の安藤聡氏等、多数の方々のご協力の賜物として本書を出版することができた。ここに改めて深謝の意を表しつつ、本書を終えることとしたい。

2016年6月1日　安倍内閣総理大臣総理会見の夜に　藤井聡

著者について

藤井 聡（ふじい・さとし）

1968年、奈良県生まれ。京都大学大学院工学研究科教授（都市社会工学専攻）。京都大学土木工学科卒、同大学院土木工学専攻修了後、同大学助教授、東京工業大学助教授、教授、イエテボリ大学心理学科客員研究員等を経て、2009年より現職。また、11年より京都大学レジリエンス研究ユニット長、ならびに第二次安倍内閣・内閣官房参与（防災減災ニューディール担当）。文部科学大臣表彰、日本学術振興会賞等、受賞多数。専門は、公共政策に関わる実践的人文社会科学。著書に『経済レジリエンス宣言』（日本評論社）、『プラグマティズムの作法』（技術評論社）、『社会的ジレンマの処方箋　都市・交通・環境問題のための心理学』（ナカニシヤ出版）、『大衆社会の処方箋　実学としての社会哲学』『国土学』（共に北樹出版）、『〈凡庸〉という悪魔』（晶文社）、『超インフラ論』（PHP新書）など多数。

犀の教室
Liberal Arts Lab

国民所得《こくみんしょとく》を80万円《まんえん》増《ふ》やす経済政策《けいざいせいさく》
——アベノミクスに対する5つの提案

2016年6月30日　初版

著　者　　藤井 聡

発行者　　株式会社晶文社
　　　　　東京都千代田区神田神保町1-11
電　話　　03-3518-4940（代表）・4942（編集）
U R L　　http://www.shobunsha.co.jp

印刷・製本　ベクトル印刷株式会社

ISBN978-4-7949-6824-1 Printed in Japan